管教熊孩子
不要靠太近

Toddlers Are A**holes:
It's Not Your Fault

[美]邦米·拉蒂坦(Bunmi Laditan)/著

魏淑遐/译

北京联合出版公司
Beijing United Publishing Co.,Ltd.

图书在版编目（ＣＩＰ）数据

　管教熊孩子，不要靠太近 / (美) 邦米·拉蒂坦著；魏淑遐译.
-- 北京：北京联合出版公司, 2017.9
　ISBN 978-7-5596-0406-4

　Ⅰ. ①管… Ⅱ. ①邦… ②魏… Ⅲ. ①亲子教育 Ⅳ. ①G781

　中国版本图书馆CIP数据核字(2017)第108041号

First published in the United States as: TODDLERS ARE A**HOLES: It's Not Your Fault

Copyright: © 2015 by Bunmi Laditan

Published by arrangement with Workman Publishing Company, Inc., New York.

Simplified Chinese edition copyright: © 2017 Beijing KunYuanTianCe Culture Development Co., Ltd

All rights reserved.

北京市版权局著作权登记号：图字01-2017-5020号

管教熊孩子，不要靠太近

TODDLERS ARE A**HOLES: It's Not Your Fault

著　　者：[美]邦米·拉蒂坦
译　　者：魏淑遐
责任编辑：喻　静　李　红
封面设计：平　平
装帧设计：季　群

北京联合出版公司出版

（北京市西城区德外大街83号楼9层　100088）

北京联合天畅发行公司发行

北京盛通印刷股份有限公司印刷　新华书店经销

字数190千字　710毫米×1000毫米　1/16　12印张

2017年9月第1版　2017年9月第1次印刷

ISBN 978-7-5596-0406-4

定价：36.00元

谨以此书献给我几个可爱的熊孩子。
虽然愁断九回肠，可是痛并快乐着。

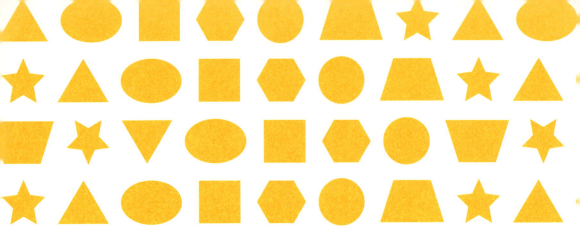

Contents

致读者 4

CHAPTER 1 6

熊孩子相关问题扫盲

CHAPTER 2 34

熊孩子发展史

CHAPTER 3 44

打理熊孩子

CHAPTER 4 52

吃饭攻坚战

CHAPTER 5 70

睡前持久战

CHAPTER 6 86

如厕训练：麻烦的开始

CHAPTER 7 92

熊孩子的娱乐活动

CHAPTER 8 110

熊孩子过节指南

CHAPTER 9 118

和过去悠闲的生活永别吧

CHAPTER 10 128

你那几乎为零的性生活

CHAPTER 11 136

别做熊父母

CHAPTER 12 146

如何让熊孩子听话（呵呵）

CHAPTER 13 156

如何才不会万念俱灰

CHAPTER 14 170

如何坦然地送熊孩子上幼儿园

CHAPTER 15 180

人生里程碑

CHAPTER 16 186

结束语

管教熊孩子，
不要靠太近

致读者

亲爱的读者：

此刻的你，可能正猫在屋里，或者蜷在车上，借着手机的光读这本书，而你家熊孩子，正躺在你身边呼呼大睡。不管如何，我想说：赶紧握个手，同是天涯沦落人。

熊孩子都超级可爱，这是大自然的安排，因为孩子小的时候，我们总会无数次想把他（她）丢在公园里，身上留张字条："我太臭蛋了，爸妈不要我了。"就是因为他（她）们可爱，我们才能忍下这个念头。

"熊孩子臭蛋期"是一个人成长的必经阶段，和青春期类似，只不过主要症状是把吃的东西扔到地上，动不动就对父母乱发脾气。

熊孩子个个都很臭蛋，天生如此。如果你家两岁熊孩子哭着喊着要喝麦片，你只好清晨 4:45 就拖着睡眠不足的身子挣扎起来，给他煮上一碗。五分钟后，他（她）把一整碗麦片泼了一屋子，这时候你就想吧，每家的熊孩子都是这副熊样，生气也没用啊。

如果你回家发现屋里乱成狗窝，正想数落在家带娃的那一位，也不妨想一想，他跟着小臭蛋在家里待了一整天，家里能不乱吗？

如果你的闺蜜家里有个三岁孩子，她跟失联了似的，不打电话也不约你出去玩，你就想想，她正为熊孩子忙得焦头烂额，哪有空联系你啊？偶尔帮她带带娃吧，让她去商场逛一逛，吃吃爆米花、看看电影、喝喝咖啡，不然她会疯的。

希望这本书你能喜欢。借着看书，也喘口气吧。一直以来，你辛苦了。

邦米·拉蒂坦

（别名：珍塔玛·蕾成苟）

附：珍塔玛·蕾成苟是何许人也？珍塔玛·蕾成苟就是一枚孩子他妈，一般在晚上十点以后、早上五点之前才有时间出没，忙得没时间与人攀比，累得没力气跟谁矫情，常常身上粘了孩子的贴纸、衣服穿反了也浑然不觉，还会忘了孩子学校活动要家长合影，结果蓬头垢面、衣着邋遢地到场，在人群中格外鸡立鹤群。

其实孩子他妈心里爱着孩子，只求在屎尿屁的带娃生活中，还能留得一丝理智就谢天谢地了。每天累得快要散架，所以凡事只能粗枝大叶，没办法精益求精。这样的孩子他妈就叫珍塔玛·蕾成苟。对，像这个名字所表达的意思。曾经的我，也是这样，但当我终于不再假装一切尽在自己掌控之中，不再要求自己事事完美、节日必送贺卡、吃饭必发美图后，我终于学会了与世上最亲最爱的人在一起，共同经历生活的跌宕起伏、喜怒哀乐。

或许你也是位不折不扣的珍塔玛·蕾成苟，那么，就让我们看看，究竟应该如何与熊孩子相处，从累成狗的生活中，解脱出来吧。

1

熊孩子
相关问题扫盲

管教熊孩子，
不要靠太近

什么是熊孩子？

　　熊孩子，是集反社会者、得了狂犬病的动物、可卡猎犬、恶魔和天使于一体的神奇生物。其具体模式，视时间段及饥饿程度而定，且随时切换。

　　熊孩子不是生下来就熊相百出的，他（她）们在婴儿期，会伪装成那种人畜无害的小天使，可爱到冒泡。然而，有一天，画风突变，孩子们用自己的方式让我们领略了什么叫人生无常。你当然也不服气、不甘心过，最后却不得不接受了现实——自己家的乖宝贝，真的已经长成了你曾经最侧目的那种熊！孩！子！

　　相信我，你不是唯一一个倒霉蛋。基本说起来，孩子到了某个年龄，体内的熊元素就会被激发出来，无论他的爸妈是修水管的工人，还是大学教授，无一例外。而家长往往并没意识到这是种自然现象，却以为这跟得病或者犯错一样，是偶然事件，只要自己用些心好好纠正，熊孩子就一定能改邪归正。也正是这种盲目的用心，让无数父母陷入了和熊孩子的战争，你越是紧张关切，他（她）越是不听，你哄着，他（她）不理，你发飙，他（她）比你更大声——"砰！"发令枪扣动了扳机，你不知不觉开启了竞技模式，而对手正是你亲生的熊孩子。

　　但这不是最郁闷的，最郁闷的是，你发现自己竟然斗不过他

（她）！

其实，想管教你家那个熊孩子，你最该做的不是到处搜罗育儿秘籍，而是先要从你们无比胶着的战争中跳出来，不然，你根本看不清熊孩子到底是什么样的存在，别说管教了，不被他（她）们折腾到撒手人寰，就已经是上天眷顾了。下面，就跟着我们一起来一场《熊孩子科考特辑》，看看他（她）们到底是何构造，有何特点，同时也看清咱们自己应处的位置，知己知彼，才能有成功的希望。

当然，能顺便吐槽一下那些总在你耳边喋喋不休的"三好父母"，也是很爽的。

熊孩子作息时间表

凌晨三点　"哇"的一声醒过来，哭声响彻云霄，惊得当妈的浑身一激灵，中枢神经系统严重受损。

凌晨三点零一分　说自己肚子饿了，其分贝数直逼狂欢舞会和政治抗议。

凌晨三点零二分　你哄他（她）继续睡，他（她）却冲着你的脸露出灿烂的笑容。

凌晨三点零三分　果不其然，他（她）坐客厅地板上啃一根五谷杂粮棒，而你瘫倒在沙发上欲哭无泪。

凌晨三点零四分　你给他（她）换尿布，他（她）却只一个劲儿地花式蹬腿。

管教熊孩子，
不要靠太近

凌晨三点零五分 无缘无故号啕大哭，闹着要看电视。

凌晨三点零七分 把自己手上的五谷杂粮棒拍个粉碎，还把碎屑倒得满头都是，就跟疯了一样。

凌晨三点十五分 看动画片，这时万念俱灰的你狠捏饼干包装袋泄愤。

凌晨四点 在地板上撒了一泡尿。

凌晨四点十五分 睡了一小觉。

凌晨四点四十五分 刚睡着就心有不甘地又醒了。

凌晨五点 趴你肩上，双脚使劲儿踩你的胸。

早上七点 点心时间，但基本一口没动。

早上八点 因为醒得比鸡都早，终于又睡着。

早上九点 因为你心力交瘁应付不了他（她），再让他（她）看会儿电视。

早上十点到下午五点 把家里或托儿所闹得一片狼藉，和受灾现场一样惨不忍睹。其间睡了几分钟。

下午五点 夫妻俩中更有勇气的那个，硬着头皮把熊孩子接回家。

晚上六点 在晚饭时间作威作福，搞得大家都没吃好。

晚上七点 洗澡、刷牙、换睡衣时又经历一番"哭天抢地、敌退我追、软硬兼施"的交战。

晚上九点 终于昏睡过去。

"三好父母"（见第 12 页方框）会觉得这样的日子哪里是人过的，而普通的宝爸宝妈则心照不宣：欧耶，大家的生活都是一样一样滴。

孩子都想要什么？

想要你的老命。

哈，开玩笑的啦。

熊孩子想要的东西，就是此刻在他（她）脑袋里头蹦出来的东西。问题是，他（她）们的想法说变就变，防不胜防。比如说，你家孩子这会儿说要吃饼干，就在你走进厨房，从柜子里拿出饼干，用盘子装上饼干，端着盘子回到他（她）身边这几十秒的时间里，他（她）已经改变主意了，想吃的是切成海绵宝宝形状的面包片。而你手里的饼干，此刻也不仅仅是饼干，而是你没能满足他（她）需求的罪证：麻麻居然拿了饼干，说明麻麻根本不懂宝宝不爱宝宝，宝宝不开心！接下来，熊孩子会用实际行动告诉你他（她）有多不开心：把身上里里外外的衣服全扒拉下来，躺地上号上半小时，最后还要尿自己一身，而旁边的你，因为上班迟到已经急得上了火。

欢迎来到熊孩子的世界！

熊孩子都好动

有时候，你看着两岁的熊孩子在旁边跑来跑去跑来跑去，心

管教熊孩子，
不要靠太近

三好父母

致三好父母：省省你的口水吧。没人想听你叨叨你是怎么养育出你家那位穿着名设计师设计的 300 美元外套上街、拉出的便便都自带彩虹和金光的孩子的。如果我们想知道你到底怎么教子有方，自然会张嘴问。你尽可以继续秀出你家餐桌上的有机三餐、周末菜园里亲自摘的豆子、自家阳台种的番茄和自己烘焙的起酥奶酪蛋挞、曲奇，你高兴就好，我们也会高高兴兴地围观。然而，如果你再炫耀你家孩子从一出生就能每晚安安稳稳睡整觉，信不信我们会群殴你。另：继续在网络上树立你 360 度无死角的辣妈形象吧，不过可别忘了，走到大街上，终究有几个人还是会认出你。

里会想："我孩子刚刚吃的难道是可卡因，不然怎么会如此精力旺盛？"你之所以一年三百六十五天，每天都累得想死，就是因为熊孩子每天都闹腾个不停，你只能一天到晚守在身边小心看护，外带咆哮叫喊，心就没有从嗓子眼放下来过，生怕熊孩子在超光速奔跑的时候，一不留神扑倒在地上，摔个满脸花。带熊孩子的日子，本质上和出演一部永不完结的《美国忍者战士》没有两样，唯一区别就是，你的奖项很可能是急诊室一日游。

熊孩子都爱吃

　　熊孩子每天如同吃了兴奋剂一样上蹿下跳，自然饿得快。而带熊孩子每天 60% ~ 80% 的时间，都花在"为他（她）们随时奉上食物"这件事情上。熊孩子都能吃，我说的"能吃"，意思是即使在他们玩得起劲的时候，也会不停地要吃的。具体是什么吃的？主打就是他们以前没吃过的、看着很好看又很开胃的零食，而且随时随地就要，晚一分钟都不行。有时候，你费尽心思精心准备了一顿饭，熊孩子倒好，吃上一两口就不吃了，绝大多数的时候他（她）都不会全吃光。剩下的怎么办？总不能就这么倒掉，只好自己吃掉。不要因为自己总是吃剩饭而憋闷，更不要担心卡路里超标，大部分熊孩子的父母整天吃的都是剩饭，就像一只只穿着家居服的秃鹫。

　　有时候，你或许会在网上看到别人的晒图，看到他们把孩子的意面和肉丸摆得美轮美奂、秀色可餐，于是你顿时汗颜不已，立志

效仿，我真心劝你一句：千万别。因为那些照片里的食物，不过是用来摆摆样子而已，熊孩子未必会比平时多吃一口。而如果你家的熊孩子在吃饭问题上，格外让人省心，也请你不要到处炫耀，为这种事情拉仇恨，简直太蠢了。

熊孩子为什么这么难带？

熊孩子之所以熊，就是因为跟他（她）们没法讲道理。大人之间有事情，两个人就可以坐下来聊聊，或者通过邮件或者其他通信方式沟通，而对熊孩子，你的对话通常只能如下：

爸爸："宝贝，赶紧穿衣服，咱们一会儿去公园。"

熊孩子："我要去公园。"

爸爸："我知道啊，所以咱们现在得穿衣服。"

熊孩子："不嘛，我不想穿衣服去公园。"

爸爸："可是你光着身子呢，光着身子是不能去公园的。"

熊孩子：（大哭大叫，尿在地板上，溅爸爸一身，不小心还踢到了爸爸的要害部位。）"不！穿！衣服！公园！不穿！鞋子！公园！不穿裤子！"

这时候，爸爸心里发恨：天底下怎么会有这样的孩子，当初就不该把你造出来！

稍等片刻，如果你和这位爸爸一样，开始怒气飙升，那么证明你和熊孩子的距离还存在偏差——你离熊孩子太近了，所以才会被他（她）的无理取闹轻易激怒。而一个擅长保持距离的父母，或许会这么想："嗯，现在天气挺暖和，他（她）在屋子里裸奔一下，也不会感冒。等他（她）哭够了，我就告诉他（她），因为他（她）一直在闹，我们没时间去公园了，让他（她）长个教训。嗯，就这么办。"

如果你不确定自己和熊孩子是否保持了适当的距离，那就问问自己，对于熊孩子的评价，是否存在着恼怒、懊悔或悲伤，只要你的情绪被熊孩子的行为所左右，那么你就是没有保持恰当的距离。而如果你对熊孩子的行为有所理解，并在冷静地寻找对策，那么你和熊孩子的距离就刚刚好。

很多父母会对熊孩子的到来猝不及防，根本不敢相信这曾是之前那个人见人爱的乖宝贝。而熊孩子的表面和普通小宝宝好像没什么两样，其实差距可大了——普通小宝宝穿衣服很配合，也不会动不动捶你、踢你，更不会直言不讳地说你屁股好大，是不是要去那种胖妈妈专卖店买衣服啊？说得你颜面尽失、无地自容。

熊孩子的世界观、人生观，绝对是我们都梦寐以求的样子：自信满满，要求苛刻，百分百觉得自己就是宇宙中心。他们可以踹完爸爸的要害部位还若无其事，也可以把妈妈几千块钱的化妆品当玩具毁成渣，拿限量版唇膏涂指甲，把手机、电脑、相机蹂躏成废品，银行卡、钥匙串一经他（她）手就下落不明，而且还喜欢用便便涂鸦搞创作。

熊孩子可以活得随心所欲，为所欲为，比我们谁都洒脱自在，

因为天塌下来他（她）们都！不！怕！

早点认识到这个真理，你就早点解脱。

而想要认识到这一点，唯有时刻牢记"保持距离"的准则。

是，熊孩子都让人烦，即使是自己亲生的，也会忍不住怒火中烧："我得狠狠打他（她）屁股一顿，啊啊啊！"或者悲从中来："我怎么养出这么个孩子，呜呜呜！"然而各种情绪最大的作用，往往适得其反，只会让我们视线更加模糊，看不清熊孩子的本质，也想不明白自己身为父母，到底该做些什么。

记住这样的思维反转了吗？下次你被熊孩子气得跳脚时，记得就这么做。

熊孩子的熊，是上帝创造人类时的出厂设置，与生俱来，没人例外。而熊孩子之所以会在长大后变成不同的人，全在于他（她）们在臭蛋期时与父母间的不同距离。如果父母寸步不离，事事干涉，熊孩子势必更加叛逆；而如果我们和熊孩子拉开距离，冷静旁观，反而会看清熊孩子到底是怎么回事，也就明白了应该怎么管教他（她）们。

所以，别为熊孩子的不懂事黯然神伤了，不如笑着接受"我自捶胸顿足，熊孩子仍熊心不改"的事实，并一起跟我念：熊孩子什么都不在乎，家家如此，无一例外。

熊孩子和我有仇吗？

孩子跟冷血杀手一样，根本不考虑他人的感受。如果他（她）早上给你脑门上来一脚，把你踹醒，别思索他（她）是不是跟你有仇，其实这不过是这位小少爷（小公主）准备使唤用人了。说到底，熊孩子一门心思只顾着自己吃喝拉撒睡，根本不懂得你也是个有七情六欲的大活人。在熊孩子的眼里，根本不知道心啊、思想啊、灵魂啊为何物，你充其量就是个人形机器人，身高刚好够得到冰箱顶上的糖果，且随叫随到，有求必应。所以说，当熊孩子行为失控的时候，你别往心里去，因为人家就是这种本色，而并非你的错。

当你学会不将熊孩子的错误怪罪到自己身上时，你也就学会了与之保持恰当距离的另一个诀窍——不随便怀疑自己。

熊孩子给父母带来的困扰大体分为三个级别，由低到高分别为：情绪失控时悲时怒——觉得自己教子无方——觉得自己人生失败。

千万别把熊孩子的错误随便安在自己身上，你当然有教育他（她）的责任，但是你却没法改变人类延续了那么多年的生理和心理规律。对于熊孩子来说，不好好熊上一把，自己的两岁到四岁岂不是虚度光阴，所以，他（她）们会无所不用其极地熊给你看，千万挺住了，别把这归咎于自己，也不要觉得熊孩子是上天派来的仇人，这只是自然现象，跟天上的彩虹和泥土里的蚯蚓一样。

熊孩子为什么不听话？

熊孩子都有耳朵，只是这耳朵通常听不懂人类语言。我们说的"停停停""不行""别把鼻屎塞嘴里"或者"别老撩妈妈的裙子"的时候，他

管教熊孩子，
不要靠太近

（她）完全就是听不懂的样子。他（她）们能听懂的，只有跟吃有关的事情。他（她）可能听不懂你说"待在床上别动啊"，可是你隔一百米远嚼一颗薄荷糖，他（她）倒听得一清二楚。

熊孩子的行为准则就是：大人让干啥，就偏不干啥。

你让熊孩子跟商店老板打招呼，他（她）就傻愣愣站在那里，好像哑了一样；你让他（她）和家里人问好，他（她）就跟冰雕似的面无表情，一言不发。说不定，如果你叫熊孩子要保持呼吸，他（她）就偏偏屏住呼吸直到晕死过去。熊孩子的存在，就是为了和大人对着干。不过别郁闷，记住我们的四字箴言：保持距离。

一旦你明白了这个道理，也就意味着，你不会再觉得熊孩子是在有意让你当众难堪，反而可以用逆向心理学控制他们了——用外行人的话说，就是正话反说。

哎呀，只要换个说法，熊孩子就会按照我们的想法做事（虽然未必次次灵验，但是你也该知足了），真是让人喜不自胜。

我要拿熊孩子怎么办？

大家都一样，没办法。

你只能临睡前吃几个甜甜圈、喝几罐啤酒消消愁。或许这时候健身教练啊塑身女神啊还会苦口婆心地劝你说：睡前吃东西对身体不好，容易长肉。他们哪里知道，你要不是还能每天半夜吃点东西慰藉一下自己，肯定早就抛家弃子连夜潜逃了。

所以说，长期在半夜吞一包薯片，导致你体重超标四十磅，总好过丢下孩子离家出走。如果吃东西真的有助于你消化负能量，那你尽管吃，在你担心自己变成大象腿之前，怎么把熊孩子养大，才是你更该考虑的问题。

或许你觉得为了排解带熊孩子的郁闷，而变成个胖子，实在是够倒霉，那我必须告诉你，这真的不算什么。有时候，带孩子是会被摧残得患上抑郁症的，甚至必须要去看医生开药来吃。我可没有危言耸听，带孩子绝对是这世上最危险的工种之一。如果你真的得了忧郁症，一定记得把你吃过的抗抑郁症的药名啊剂量啊什么的，都一五一十在孩子的成长日记上写下来，这样将来等他（她）翻看

三好父母

"孩子是上天赐给我们的福气，如果你不心怀感恩，就不配有孩子。有你这样的父母，我真可怜你家孩子。"

回复："我知道我家孩子是天赐的福气。这道理每年四月感受最深刻，因为有孩子政府就给减税啊。啊哈哈哈哈……"

管教熊孩子，
不要管太过

日记重温自己成长轨迹时，就会看到自己当时给你的精神健康造成了多大的伤害。说不定他（她）心里一感动，上大学时就不会选制陶工艺这样让人伤神的专业，而是生物学啊政治学啊这类正经的专业，那等你老了的时候，他（她）才有能力跟你现在一样尽心尽力地照顾你。

　　说真的，带娃带出抑郁症来一点都不丢人。起码你还活生生地待在家里，而诸如吃药治病这样能有效阻止你打包离家的行为，我们都称之为爱。

患者：　　　　　　　　　　　　日期：

地址：

电话：

☐ 续药　　☐ 无须续药

深夜疗伤食品药方：

（请拿着这份药方上便利店自购）

药品：

巧克力、百吉卷和奶油、奶酪、什锦水果（开玩笑，这个根本没效果，水果解决不了问题）、袋装糖果、香脆巧克力棒、锐滋花生牛奶巧克力玲珑杯、士力架巧克力棒、无限量的爆米花、饼干、过期的万圣节糖果（人们总是舍不得全部吃掉它们，结果剩下的往往都过期了）、冰激凌、配上干酪和培根的土豆丝之类的冷冻开胃菜、葡萄酒、朗姆酒、其他随便什么酒、健康蔬菜汁（给孩子喝的）、啤酒。

管教熊孩子，
不要靠太近

神经即将崩溃之父母
专用食谱

你为了教熊孩子怎么自己上厕所操碎了心，懊恼之余吃几块糖缓解一下情绪，绝对情有可原，谁也没资格数落你不顾自己身上已经有了太多的脂肪，因为大家都这样。与其担心身材，不如开动脑筋来点黑暗料理吧，让自己不至于因为气结而饿死。下面的菜谱，仅供参考。

"甜蜜如往昔生活"烤玉米饼甜点

肉桂味吐司玉米片、黄油酱、果酱吐司饼干屑。把这些材料放在 300 华氏度的烤箱里加热，然后站垃圾桶旁边吃。

"你为什么不听话？"什锦点心

为了给熊孩子点颜色瞧瞧，把他（她）最喜欢的点心都拿一些来，用一个大碗拌在一起。把金鱼饼干、小熊糖、酸奶葡萄干、麦片还有其他杂七杂八你能搜罗到的小零食通通丢进去。一边看电视上的男女主角如何草根逆袭出任 CEO，走上人生巅峰（那都是你实

现不了的生活），一边坐在沙发上可劲儿吃。

"万念俱灰" 蘸酱

拿一个特百惠小圆碗，往里面倒一杯奶酪丝和半杯液态奶酪任其溶化。再加一些酸奶油调调味，最后添上一包法式洋葱蘸酱。用玉米饼蘸着吃，一直吃到舌头发麻，脑袋发木。

"怒火中烧" 浓汤

拿一个大碗溶化三杯冰激凌，加一些核桃仁巧克力饼、花生牛奶巧克力豆、棉花糖和营养全麦片。稍稍滴上三滴低档龙舌兰酒，再撒上一些装饰配料。用勺子舀着哧溜溜地吃，吃到你觉得有勇气面对明天的太阳为止。

"垂头丧气" 沙拉

拿一个大小适中的碗，把切碎的培根、切成片的煮鸡蛋和足量蛋黄酱拌在一起。凌晨两点钟边哭边吃。

管教熊孩子，
不要靠太近

绿色冰沙

把伏特加和薄荷冰激凌混在一起，"砰"的一声，你就自己造出钙来了。补钙对骨头好啊。再加点生奶油，这样还能造出维生素 D。维生素 D 能促进人体对钙的吸收。

伏特加　　　薄荷冰激凌　　　搅拌机

熊孩子是不是都很神经？

毫无疑问，就是这样。熊孩子都神经兮兮的，并且也一直努力把你弄得神经兮兮的。如果你家里有个熊孩子，你就全当自己住的是马戏团好了，而他（她）就是那情绪随时炸毛的团长。有了这样的心理准备，下次他（她）撒起气来把鞋子砸你头上，或者满地打滚边哭边吐的时候，你就会淡定地摇摇头，当自己是路人甲一样在一旁看好戏，等他（她）自己消气。

熊孩子的情绪瞬息万变，这会儿还咯咯笑着呢，一眨眼的工夫就又哭又喊了。这些情绪前仆后继，你根本没办法跟上他（她）的节奏，有时候安抚好了一股情绪，下一股已经排山倒海般向你袭来了，这时你基本是懵的。所以，熊孩子情绪爆发的时候，你干脆躲到一个安静的角落，坐那抱着膝盖像个人形摇椅一样摇摆，嘴里哼一首《玫瑰》这样动听伤感的歌，或者自己随意编个曲调。我就自己编了首《老娘我曾经也有梦》。过不了几分钟，熄了火的熊孩子就会主动找到你，坐你头上放个屁，宣告你们又恢复邦交了。

我怎样才能成为一个更好的家长？

谁还有空在乎这个啊？！眼下保住自己的老命最要紧。

你得知道，每天跟你住在一个战壕里的可是个精神变态，现在不是假装自己是个伟大的家长的时候，而是要尽一切努力活到明天。

不要以为我是在危言耸听，有位很杰出的心理医生叫作 M. 斯科特·派克，写了一套相当有名的书《少有人走的路》，里面就有这样的话，5 岁前的孩子由于大脑还没完善，分不清对错，其情绪、心理和行为很像精神病患者，充满了反社会情绪，又毫无逻辑和道理，混乱不堪。

看，你可以不相信一个苦大仇深的孩子妈的话，却不能不相信写出了超级畅销书的专家的话，熊孩子约等于精神病人这件事，是有科学依据的。但是也正因此，身为父母，我们才更不应该和熊孩子打成一团，要知道，精神科医生可从不会和自己的病人吵架，那样做太傻了。

不知道怎么办？
先离孩子远点！

既然不能和孩子吵架，面对熊孩子，又该怎么办？

我的经验就三个字：离远点。当然，这不是在暗示你收拾行李离家出走，或把熊孩子扔在公园长椅上溜之大吉，我的意思是，要赶快从那种"和孩子同悲同喜"的错误模式中脱离，因为当局者迷这件事，绝对是个真理。

非常严肃地说，做父母是需要智慧的，而一切智慧的前提，都是先要和你想搞明白的对象保持距离。

"靠太近"的坏处：

把孩子和自己混为一谈：完全没有自己的生活，喜怒哀乐全都来自那个熊孩子，他（她）高兴你就乐，他（她）难过你就哭，他（她）发火你撞墙，智商情商瞬间回到 5 岁前。

莫名其妙的负罪感：习惯性自责，认为熊孩子所有的问题，都是你自己的问题，肯定是你教育方法不够科学，语气不够正确，才让熊孩子不服管教，总之赖你赖你就赖你。

深深的挫败感：认为自己是全世界最失败的家长，全心全意却没有好结果，挫败感比马里亚纳海沟都要深，尤其在那些"育儿有

方"的家长面前，简直抬不起头。

迁怒：将心中的不爽胡乱发泄，埋怨自己的伴侣 DNA 不够好，埋怨爸妈没帮自己请上三个保姆，更多的，是埋怨熊孩子故意让自己难堪，进而将怒气撒到他（她）们身上。

情绪失控：没有了成年人应有的冷静和从容，会去和孩子吵架甚至打架，迅速成为一个人见人烦的熊家长、熊老婆、熊邻居等等；

变成控制狂：疯狂地想要让孩子服服帖帖听自己的话，事无巨细贴身监视，一个不合格就大动干戈，把孩子的不听话看成世界末日。

"保持距离"的好处：

分分钟看清熊孩子脑袋里的想法：保持距离，让你好像安上了一对透视眼，可以将熊孩子的脑回路看得清清楚楚，明白他（她）所有乖张行为背后的真实想法。

负罪感，拜拜：不会再把熊孩子的问题都归咎到自己身上，而是明白每个孩子都有自己很熊的一面，这事和男人长胡子女人长胸一样理所应当。

挫败感，拜拜：不会因为自家孩子没人家的乖巧而认定自己失败，如果有人故意挑衅，想激起你的挫败感，你会笑着和他绝交；

摆脱暴怒模式：不再是咆哮的怪兽、哥斯拉、伏地魔等一系列可怕的角色，邻居不会再用你吓唬他家的小孩。

恢复成冷静淡定的成年人：知道自己在什么情况下该做什么，不会再因为熊孩子一哭就感觉天昏地暗，理智重新回到你的大脑中。

不控制，就是最好的控制：扔掉了那台虚拟的熊孩子遥控器

（因为它根本没用好吗），孩子有空间，你也有了自己的生活，双赢，欧耶！

怎么知道我家的孩子
是不是熊孩子？

如果我说这世界上99%的孩子都是熊孩子，你肯定会认为，自己家那个闹不好就是那幸运的1%……别做梦了好吗？如果你家孩子真那么省心，你现在应该看的是旅游指南或者最新款彩妆手册，而不是像刚刚那样拍着大腿觉得我说的真对。

不过，就好像人们都觉得世道虽乱但自己的伴侣绝对是毫无二心的老实人一样，我们对熊孩子也会抱有幻想，认为那个天大的幸运闹不好就砸在了自己头上。

为了让你们死心，呃不，为了更好地传播育儿知识，我给你们科普一下，如果家里有个熊孩子，你通常会有如下某种或某几种经历和感觉：

1. 有点恨你的另一半——都是因为你，才会诞生这么熊的熊孩子。如果你不提前做些心理建设，熊孩子几乎可以把你们夫妻俩活活拆散。跟一个逼得你分分钟想拿刀抹脖子的孩子一起生活，这压力得有多大，还指望在这样的环境下夫妻恩爱？做梦！自己没生养孩子的人，肯定无法理解父母们为何都想回到单身生活，自己住

在公寓里抱着一瓶龙舌兰酒为伴。当然，你并不是真的恨你的伴侣，你只是恨自己过的鬼日子，迁怒于对方而已。可是，千万别让熊孩子影响你们的感情生活，要知道，你在前线浴血奋战，也需要对方的后方支援啊。

2. 你现在的梦想，已经不是有才有貌，或者有钱有名，而是能安安稳稳睡个好觉。你幻想着自己可以四仰八叉地躺在一张超大双人床上，就像是大海里一枚可爱的小海星一样，舒舒服服地漂往远方。这位海星，请快醒醒吧。熊孩子虽然不像小婴儿一样完全不能自理，但他（她）会让你更加不得安睡，小婴儿起码不会朝你大喊大叫，也不会莽莽撞撞往车流里冲。带熊孩子会让你白天心力交瘁，晚上还要随时爬起来应付他（她）的半夜哭号，日日夜夜，循环往复，说起来都是泪。

3. 你成了个超级宅女或宅男。你家里最好有个后院可以溜达溜达，因为有了熊孩子，你根本丧失了出门的动力。因为一旦出门，意味着你就得给熊孩子换衣服，得把不愿意坐安全座椅的他（她）塞上车，他（她）当众犯熊，你会忍不住发飙，然后深感自己丢人现眼，这一切真是自讨苦吃。倒不如窝在家里吧，反正现在网购那么方便，足不出户也能活得好好的。

4. 众目睽睽之下，你时常会跟搂一捆木柴似的，把孩子从杂货店里拖出来。威武！别管其他人怎么窃窃私语、指指点点，说你怎么不像亲爸亲妈，反正他们又不能把你怎么样。你要有勇气把好不容易挑好的一车东西，丢在超市里弃之不顾，只是，酒可千万别落下，没有酒你在半夜何以解忧？一手熊孩子、一手酒瓶子去结账吧，

时间紧迫的话就告诉收银员不用找零了，你的命总比那些零钱重要。

5. 到店里买东西，时不时要顺手打开几包零食，让旁边聒噪个不停的小家伙闭嘴。别担心，最后拿空袋子去结账就行，这不算偷吃啊。

6. 不得不硬着头皮跟店员说孩子尿人家地上了。呃，尿人家地毯上总比尿在一沓叠得整整齐齐的毛衣上来得好。更绝的是，你家熊孩子当众吐了，而且不偏不倚正好吐你身上，而你还没衣服可换。

7. 有时候，你会默默祈祷有一台时光机，可以带上一只避孕套

回到过去改变历史。

8. 你会时常出现应激性心悸。当然，你的孩子不是有意要害你，但是无意的误伤却无处不在。

9. 你认真地考虑过逃到另外一个城市，开始全新的生活。如果真要这样，记得把信用卡剪了，因为信用卡会泄露你的行踪哦。

10. 你家的防护围栏，比动物园还多。

11. 你充分了解了"我的手机在充电"的真正意思，其实是——你给我消停消停，玩你自己的玩具去。

12. 你的夫妻生活基本为零。熊孩子简直就是自然节育神器，兵荒马乱的生活闹得你内分泌紊乱，浑身上下全线封锁，根本没有心情和另一半温存。

13. 你认真地研究调查过全托幼儿园。

14. 家里大大小小的柜子全都上了锁。

15. 每晚睡前的两个小时，你家就闹成了讨价还价的菜市场。

16. 沙发坐垫的缝隙里，可以随时掏出瓜果蔬菜五谷杂粮，且花色齐全。

17. 每天都要喊"别从垃圾桶里扒拉吃的"。

18. 熊孩子刚才又把鼻涕擤你衣服上了。

19. 如果能找到一个免费可靠的保姆帮你看孩子，你愿意献出自己的重要的臼齿。如果牙齿能换来随时出门喝饮料的自由，不能嚼肉又有什么关系？

20. 你寻思着，如果叫街上正在闲逛的十来岁小女孩帮忙带孩子，会不会吓着人家。

21. 有时你明明睁着眼睛，可脑袋已经睡着了。

22. 你宁可当众做结肠镜检查，也不想带孩子去逛摆着玻璃物品的商店。

23. 你宁可让"剪刀手爱德华"给你做妇科检查，也不想带孩子上餐馆。

2

熊孩子
发展史

管教熊孩子，
不要靠太近

如果你问我，孩子是什么时候开始有了变"熊"的迹象，我可以毫不犹豫地告诉你——两岁。

想想看吧，两岁之前你的生活是什么样？虽然也很劳累，但起码心情是愉快的，因为孩子很乖，什么都听你的，任由你打扮，任凭你摆布。然而，当两岁生日蜡烛吹灭，孩子便蠢蠢欲动，揭竿而起，开始与你作对，你让他（她）往东，他偏偏往西，他（她）不仅累你，还要气你，严重挑战你的耐心、权威和底线，也考验着你当母亲的智慧和能力。

斯科特·派克在《少有人走的路》中说，许多母亲在孩子两岁前尚可算作合格的母亲，对孩子的照顾无微不至，但是当孩子两岁之后，开始变得任性和不听话时，这些母亲也就变得不合格了。为什么呢？原因在于，两岁之前孩子的自我意志还不成熟，母亲与孩子亲密无间，靠得很近，不会有什么问题。但两岁之后，随着孩子自我意志的成熟，母亲就不应该继续在心理上与孩子保持零距离，而是应该拉开距离。母亲与孩子拉开的距离恰恰就是孩子成长的空间。如果靠得太近，不仅压缩了孩子成长的空间，母亲多半也会变得歇斯底里。当然，这些母亲冲孩子大喊大叫，并非不爱孩子，而是不知道怎么去爱一个和从前不一样的孩子。昔日里那个恨不得黏在她们身上，言听计从的跟屁虫，忽然就学会了说"不"，这让她们大惊失色，大为光火，不知所措。

《少有人走的路》中还有这样一句话："母亲把孩子永远当婴儿来对待，是一件可悲的事。"当你的孩子不再是婴儿时，如果再以婴儿的标准要求他（她），希望他（她）还每天睁着懵懂的大眼睛把你当作世界中心，那纯属自找不痛快。孩子已经往前走，而你却依然原地踏步，这样的亲子关系，能快乐才怪。

在刚刚那一章，我们科普了熊孩子的基本特点，和我们身为父母应该充当的角色，这为我们解释了熊孩子是孩子成长的必经阶段，尽管这个消息很不讨喜，但我们必须认清一个现实——熊孩子就是这样，你改变不了现实，所有想让熊孩子"改邪归正"的努力，都是白！费！劲！

认清现实的坏处是，会让我们恨不得现在就和另一半抱头痛哭，而好处就是，我们及时放弃了没有意义的抵抗，能冷静下来，学着以局外人的视角，开始研究对策。虽然我们改变不了熊孩子，但是我们却可以与他们保持一定的距离。

保持距离，能够让我们清楚地了解熊孩子的本质，跟上孩子的步伐，明白他们身上已经和即将产生的变化，然后才能找出对策。

下面，我们就来看看，各个年龄的熊孩子各自都是什么样，相信总有一款适合你。

不省心的两岁娃

好吧，既然大家说不省心，那就不省心吧。可是两岁也是最可爱的时期，看他（她）从婴儿长成幼儿，其实是一件很美好的事情。尤其是两岁小宝宝走路左摇右摆的小样儿，真真萌死个人。

你的两岁小宝宝可能是个贴心小棉袄，也可能是个混世小魔王，

一切都要看你自己的运气。但不管他（她）是天使还是恶魔，你都要明白，他（她）的表现从今往后只会每况愈下。两岁小宝宝还没完全开启熊孩子模式，不过，已经常常会让你预感到：他（她）接下来可不好伺候。

如果你一直觉得，自己这妈当得挺顺风顺水的，真是遇到了传说中的天使宝宝，呵呵呵，别高兴得太早，你就等着吧。你家那看似乖巧无比的两岁娃，其实一直在默默观察你、研究你，并琢磨你的软肋，盘算着怎么才能彻底掌握你。

比如说，你会发现你家两岁小宝宝原来一直睡觉都很乖，现在开始闹着不肯上床了，或者深更半夜醒过来，就闹着起床不肯再睡了。你得小心，这是个危险信号。

再比如说，你家两岁娃或许已经开始撒泼耍赖，表现出许多无理取闹的举动（往好处想，你至少可以放心，你家娃和别人家娃一样正常，都不是省油的灯）。虽然你家两岁娃已经学会走路，可是到哪还是要你抱，他（她）才不管你怀里已经抱着 500 美元的杂货、300 片尿布和还在吃奶的妹妹，反正铁了心要你抱，现在就抱，不抱就像腿受伤了一样立刻坐在地上。你怎么办？你只能站在旁边等他（她）自己起来。毕竟，你只有一副腰板，如果现在咬牙再背上两个孩子，将来等你年纪大了，估计十有八九会半身不遂。愿意的话，你可以花大价钱买个品质优异的幼儿背带，或者，用这钱来多买些鸡尾酒吧。

两岁娃基本上无法沟通，虽然他（她）自己语言能力有限，但却绝不许别人听不懂。你要是敢让他（她）把刚刚说的话再重复一遍，他（她）会顿时暴怒，杯碗齐飞。所以，管他（她）怎么叽里呱啦，你只要假装听懂了就好，记住，两岁娃古灵精怪，样貌可爱，但脾气可一点都不可爱。

从本质上说，两岁娃和一只小狗没有区别——贪玩，四处拉撒，而且比你想象得更难伺候。不过看在他（她）那么可爱的份上，再苦再累你也认了吧，多花些心思看护着，并且时刻记得保护好自己，以防被怪力熊孩子打肿了眼眶，或是被他（她）们的铁头撞得昏死过去，尤其要郑重提示所有父亲，提防你家两岁娃的飞踹，他（她）们虽然小，但是脚法精准，一个不注意，就可以让你报废。

没良心的三岁娃

到了三岁，你家熊孩子就全面开启臭蛋模式了。

他（她）们只要没睡着，大部分时间就是哭、哭、哭，没有最大声，只有更大声。不哭的时候，也别想安静，不是哼哼唧唧，就是吵吵闹闹。三岁娃的人生目标只有一个：让你在别人面前丢人现眼。知道了

管教熊孩子，
不要靠太近

这一点，你就明白要怎么对付他（她）了。正确的态度就是：不对付。

不要和三岁娃争对错，因为只要你一大声叫喊或解释，他（她）就已经赢了。三岁娃就是喜欢玩弄他人于股掌之中，你越是气得语无伦次、声嘶力竭，他（她）越是开心。身边记得放个酒瓶，每次觉得自己血压蹭蹭蹭往上升的时候，敲自己脑袋一下，清醒清醒。

你得知道，三岁娃的矫情感时刻爆棚，总觉得自己是被欺负的那一方，而且天生具有王子公主的扮演天赋，只要是他（她）想要的，无论是最新款的《小马宝莉》玩具，或者是不含花生或牛奶的花生牛奶，你都得拿个黄金托盘端着，毕恭毕敬送到他（她）面前。

三岁娃说翻脸就翻脸，要是哪件事情不合他（她）的意，他（她）立马暴跳如雷，怒气冲天，还会调动自己有限的词汇来攻击你。一般说来，熊孩子长到三岁，就是你怀疑人生的时候了：天哪，我怎么生出这么个无法无天的冤家啊！如果你把他（她）的面包放错盘子了，他（她）恨不得拿玩具刀扎你。

不过，你要记住，不是他（她）真的跟你有仇，而是他（她）情绪不稳定，只顾得上眼前的事情，并且坚定地认为，你也必须一门心思只顾他（她）。如果有一群三岁娃一起玩，那再好不过了。跟同龄人在一起，这群熊孩子可以自创游戏规则，各自扮演不同角色，玩得不可开交。你别去管他（她）们的游戏都有什么意义，最大的意义莫过于能有好多分钟他（她）不来烦你，你难得有点清闲。

三岁娃动不动就哭，比新生儿还频繁，每天在家里捣的乱（尤其是他（她）有弟弟或妹妹）会让你身心俱疲。要说优点嘛，也有，这个年纪的娃都特别聪明，父母不在场的时候也表现很乖。

三岁娃本质上是狼獾。狼獾来自黄鼬家族，虽然身量不大，但是特别凶猛，无所畏惧，连黑熊都能扑倒。人类要是遇上狼獾，那可是大难临头（其实你早就知道了对吧）。狼獾对自己的地盘都看得很紧，不容任何人侵犯。你见过三岁娃看刚出生的妹妹的眼神吗？你会发现他（她）眼里反常的平静，但其实，他（她）心里已经伺机要搞破坏了。

温馨提醒：三岁娃肚子饿或感到累了的时候，不要看他（她）的眼睛。你要是敢看他（她）一眼，他（她）会认为你在向他（她）宣战，一眨眼就扑过来了。很多人耳朵啊、眼皮啊都被三岁娃咬伤过，受害者数不胜数。

操碎心的四岁娃

这会儿，估计你在琢磨：四岁娃还算熊孩子吗？算，当然算。四岁是熊孩子阶段的最后一年，临近大孩子的边缘。他（她）们身上已经基本没有三岁娃那股无法无天的妖孽之气，转而变成了"我是天王天后，所有人都得听我的"的模式。四岁娃会在谐星、时尚模特和智商爆表的科学家中来回转换，他（她）们不长记性，毫无定性，可有时候又灵光突闪，让人刮目相看。

四岁娃和三岁娃很像，不过他（她）们更喜欢和你斗嘴，更擅长揭穿你的谎话，揪住你前言不搭后语的漏洞，让你无言以对，恼火不已。你要牢记，你家四岁娃如果不开心，后果很严重。如今他（她）长了一岁，肺活量更大了，尖叫声也传得更远了。不过，要对

管教熊孩子，
不要靠太近

付这小恶魔并非没有对策，你只要掌握他（她）在乎的东西，就可以有的放矢地管教他（她）的行为了。

比如，四岁娃不像三岁娃，他（她）们现在知道钱的用处了，所以有时候给他（她）点钱挺管用的。

或者，给四岁娃报个幼儿园、军训班之类的。这些地方的老师通常都不讲情面，可他（她）们的话熊孩子反而出奇地顺从。记得多带你的四岁娃出去走走，大自然能教会他（她）们很多东西，更能让他（她）们从你身上下来。

只是有一点，一定要记得每隔几分钟问你的四岁娃一句："要不要上厕所？"记好了：他（她）第一次说"不想上"一般都是假的。为了他（她）不当众尿裤子，你得持续不断地问下去。

熊孩子应急包

如果你是新晋的熊孩子家长，记得准备一个熊孩子应急包。这种应急包商店里并不出售，你得自己准备一个，里面放上这些东西：

婴儿湿巾：这湿巾不是给你孩子擦屁屁用的，而是给你自己备的，因为你现在根本没时间洗澡（除非你想当着你家孩子的面洗澡，任熊孩子盯着你的私密部位问十万个为什么）。你最好随身备一大盒湿巾，时不时擦一擦下面，使其保持清洁。记得每次都要从前往后擦，防止尿路感染。你可没时间上医院看病。宝妈们，可能你经常忙得顾不上私密部位的清洁，千万别掉以轻心，否则细菌滋生，后患无穷。

42

阿司匹林或泰诺：缺觉＝经常头痛，所以，给自己准备点镇痛药吧。

维生素：记得多吃维生素，对身体好的东西你都会需要的，如果你病倒了，可没人照顾你。

在线视频网站会员：有了熊孩子，你就该和电影院说拜拜了，你只能在网上看四年前上映的旧片。但因为你看一会儿就会累得打瞌睡，或是被熊孩子叫去伺候他（她）们，所以一部九十分钟的电影，你大概断断续续得三个月才看得完。等你看完了，基本也忘了这电影演的是什么了，没关系，上网搜搜，你会想起来的。

嘀嗒糖：这种糖要多买，到哪都随身带着，孩子在公众场合一闹，你就塞给他（她）几颗让他（她）服帖。牙科医生认证过了，这种糖还可以清洁牙齿。

贴纸：贴纸在熊孩子的圈子里就是硬通货。虽然这玩意儿最后会跟狗皮膏药似的贴得到处都是（比如你的裤裆上），不过熊孩子在杂货店撒泼的时候非常管用。别担心你家小孩把你给他（她）的贴纸都吞肚子里去了，反正三四个钟头以后会原样随着便便拉出来。

流量充足的智能手机：互联网是你与世界沟通的桥梁，网民就是你唯一的朋友。

车上睡觉盖的毛毯：如果回家路上熊孩子在车上睡着了，千万千万不要用传说中的"一秒车变床"功能。座位一动，熊孩子就醒了，而且睡得半饱不饱的，接下来的一整天都会有起床气，有你受的。把车子开到私人车道，停稳了，引擎继续开着（引擎一关，孩子就会醒过来——所以，去他的全球变暖吧）。把车门锁上，毯子往他（她）身上一盖，你也趁机睡一会儿吧。

3

打理
熊孩子

好了，之前跟着我们看完了一部《熊孩子编年史》，是不是忍不住留下了辛酸泪。

这就是熊孩子形成的过程，你心知肚明，却无法阻止这一切发生，因为，从某种意义上说，这是自然的规律。而在这一章开始，我们则要来些实际的管教办法了，从穿衣、饮食等各个方面给你些建议。当然，通常它们很奏效，但如果偶尔失手，也不要气馁，更不要和孩子吵架——从你张嘴和他（她）争吵的第一句开始，你就已经输了，你将自己拉到了和熊孩子一个频道之上，又怎么可能管教他（她）们呢？

行了，道理不多说，咱们挽起袖子，开始好好管教熊孩子吧。

家里有了个熊孩子，每天早晚都必定会上演一出叫作"换衣服"的大戏。每次你要他（她）穿衣服，他（她）都会像听说了什么可怕的事情一样，惊恐万状，极力抗拒。而此时，家长的内心独白则是"你这是要闹哪样？！"

给熊孩子穿衣服的关键，就是要趁其不备，速战速决。别让他（她）知道你要给他（她）穿衣服，否则他（她）撒腿就跑。为了把他（她）积了十斤夜尿沉甸甸的纸尿裤褪下，你得使出综合格斗技巧，让他（她）不要乱动。穿套头衫也是个难题，因为他（她）的头大，所以最好给他（她）买开口大一些的套头衫。

紧接着，你还得把熊孩子两条正在乱挥的胳膊塞进 T 恤的袖管，但十有八九，他（她）这会儿已经惨叫不已，并且准备打你了。倘若你有个多事的邻居，那可就更热闹了，每次换衣服，都能帮你成功招来警察敲门。记得在向警察解释完情况后，要继续为熊孩子套上裤子，并顶住他（她）旋风踢腿的压力，把袜子穿好。

记住，鞋不用着急穿。如果你在出门前过早为他（她）穿上鞋，那么很快你就会发现其中一只不知去向（甚至两只都是），除非有一天你搬家，不然它们很难重见天日。

给熊孩子穿戴整齐以后，记得盯紧他（她），以防他（她）又把衣服脱光了。熊孩子不喜欢穿衣服，但是却很喜欢搞破坏，并且尤其喜欢看你着急上火的样子。

头发

熊孩子的头发根本不必花心思打理。如果你家是儿子，只要把头发剪短就行，趁他睡觉的时候拿把工艺剪刀给他剪个拉风的发型。如果你家是女儿，方法同上。熊孩子都讨厌梳头，一上梳子就跟上了电刑一样嗷嗷叫。如果你要带他（她）去个重要场合，比如婚礼葬礼啊小模特试镜啊之类的，就往孩子头发上喷点水，头发湿了自然看起来齐整一些。

牙齿

如果你晚上睡前还有余力，能给熊孩子刷刷牙当然好。如果实在累到想死，那就还是选择睡觉吧，反正他（她）们的乳牙迟早也会脱落。如果你的家庭牙医怪你没有护理好熊孩子的牙齿，你可以告诉他："他（她）咬我的时候，比咬其他任何东西都要多，总之，

管教熊孩子，
不要筹太近

医药费给你，就别总说那几句了。"

给熊孩子刷牙的正确程序：

1. 跟熊孩子说刷牙时间到了。

2. 追着熊孩子满屋子跑。

3. 撬开熊孩子的嘴巴。

4. 小心翼翼地把牙刷伸进他（她）嘴里，尽量不刮到牙龈。

5. 刮到牙龈了，跟熊孩子道歉。

6. 跟熊孩子解释：牙龈刮伤了不能贴创可贴。

7. 听熊孩子抱怨说泡泡糖口味的牙膏好"辣"。

8. 熊孩子咬了你手指，你虽然钻心疼但强忍着眼泪。

9. 跟熊孩子说嘴巴不能只张开一条缝那么大，要再张大一点。

10. 叫熊孩子不要把牙膏吞下去。

11. 眼睁睁看着熊孩子把牙膏吞下去了。

12. 叫熊孩子往水槽里吐刷牙水。

13. 眼睁睁看着熊孩子把刷牙水吐到台面上。

14. 跟宝爸喊话，让他来接班。

护肤

　　熊孩子无须像成年人一样护肤，那种步骤繁多的手法一点也不适合他（她）们，而且，熊孩子因为油脂吃得多，所以皮肤总是水

48

漾漾油乎乎的，根本不需要你再抹太多层。如果你煮了玉米却发现上面缺了层油，大可拿起已经不烫的玉米在熊孩子的胳膊上来回一滚，立马就裹上一层又甜又咸还带着奶香味的油脂了。

但什么事情都是公平的，你揩熊孩子的油，熊孩子也会偷喝你的乳液，尤其是那些有着果味的乳液，他（她）们真能喝掉一整瓶。所以，如果你不想带着熊孩子去灌肠，装乳液的瓶子还是记得要放高一点。

虽然熊孩子护肤不用太费心，但是他（她）们的脖子还是要时不时擦洗一下的，否则时间一久脖子上就会积出一圈的污垢，此外耳朵后面也容易藏污纳垢，用湿面巾使劲搓一搓吧，你要是想不起来，更不要指望熊孩子自己能想到这一点，他（她）们都愿意自己脏兮兮的。

洗澡如同打水仗

宝爸宝妈最期盼的事情就是洗澡了，因为这意味着离睡觉时间不远了。

给小家伙洗澡之前，记得给自己穿上长款雨披，因为熊孩子洗澡时都不会老老实实的，他（她）们最喜欢把水弄得到处都是。等你洗干净了熊孩子，浴室也就变成了小水潭，你一定告诉自己要冷静，权当是逼着自己顺便做一次浴室清洁。

你可以买些洗澡玩具，以防止熊孩子中途冲出浴室，如果没有玩具，厨房用品也可以代替，什么打蛋器啊、面粉筛啊，熊孩子全

管教熊孩子，
不要靠太近

都喜欢得不得了。全给他（她），顺便再多塞几个保鲜盒，这样你就不用满屋子追着他（她）狂奔了。

等你把熊孩子安顿好，也就到了自己的洗澡时间，这时候，你望着满浴室的杂物，那感觉，跟正在一元店里洗澡一模一样。

有一点你得有思想准备：熊孩子有可能在进入浴盆的那一刻哭得惊天动地，也有可能在离开浴盆的那一刻哭得地动山摇，你不用考虑他（她）们为什么会这样，或者认为是自己哪做得不好，他（她）们就是这样，和你无关。

最后，我们还有一点温馨提醒：熊孩子超级喜欢泡泡。放水的时候，往浴盆里挤几滴洗洁精，或者是儿童专用泡泡浴液，用手让泡泡升腾起来，熊孩子十有八九会止住哭声，迫不及待地跳进去。

熊孩子的气味

噢，这真是难以形容。

熊孩子身上都有什么味道？当孩子一开始吃加工过的固体食物之后，刚出生时自带的那股清新的香味就消失了。在洗澡后的一个小时内，他（她）们身上或许还有着洗浴产品的香气，而一个小时后，屁味、过期牛奶味、拉稀味和午餐肉味就会代替所有美好气味，让你瞬间回归现实。

熊孩子购衣指南

Target 商场：这里可以淘到一二十块钱的衣服裤子。给车子换一次机油的钱，就够给熊孩子买一整年的衣服裤子啦。

ETSY 网：如果一套童装一千块钱你还不觉得贵的话，这里就是你的购物圣地了。不过我得提醒你一句，如果你只钟情在这个网上买衣服，你家孩子就会跟霍比特人或苏斯博士笔下的人物一样，衣服都松松垮垮耷拉在身上，因为上面卖的衣服都是深山老林里骨瘦如柴的野人手工缝制的，没有一件可以做到机洗不变形。

沃尔玛：这里便宜衣服更多，每次记得买大一码，这样虽然你家孩子的衣服永远不合身，可是会让你看上去像一个特别懂得规划生活的人。

寻觅家境更好的孩子：想办法和孩子年龄比你家大一两岁的妈妈交上朋友，厚着脸皮跟她要她家孩子穿过的旧衣服。如果她不打算继续生产熊孩子，家里有钱并且注重孩子穿着的话，那你就捡到大便宜喽。为了让你家孩子有免费好衣穿，你可得使出浑身解数巴结好人家，偶尔给人家送瓶葡萄酒什么的，或者在人家面前卖力哭穷，一个劲儿地说孩子每年冬天因为没的穿，冻得多么冷、多么可怜。

二手货商店：给熊孩子买衣服的另一个好去处。有时候能找到比零售价便宜得多的名牌衣服。但唯一的坏处就是，你得在一大堆看不上眼的垃圾里翻很久才有收获，还有可能把跳蚤螨虫什么的带回家。

吃饭
攻坚战

如果你觉得给孩子穿衣打扮就足以让你头疼了，那么我必须告诉你：前路漫长，想把熊孩子养大成人，唯有擦干眼泪继续往下看。

下面，我们就要告诉你，如何在和熊孩子的吃饭攻坚战中求得胜利，毕竟养育熊孩子，"吃"绝对是比一切都重要的事情。所以现在，冷静地把头上的面条拿下来，潇洒地把满桌子脏碗扔进水槽，然后阅读以下文字。

熊孩子的吃饭问题，永远是家长们闻之色变的头等难题。这么说吧，只要熊孩子在吃饭，你就不要指望自己还能好好地吃饭，饭菜热的时候你要负责吹气降温，对口味不满意的时候你要马上跑去厨房拿调料，如果他（她）还抱怨，你还要威胁他（她）再废话就没有饭后甜点。就更不用说那些随时会打翻的汤碗，被弄洒的果汁，被扔到灯罩上的青菜……

熊孩子的晚餐流程

熊孩子一坐下来准备吃饭，第一件事就是——急着要拉便便。真是放之四海而皆准。

等你从洗手间出来，鼻子里还残留着一股便便的臭味，他（她）的第二件事马上接踵而来。心情好的话，他（她）会打开话匣子，开始演说，任凭你无数次催他（她）吃饭，他（她）却依然叽里呱啦。心情不好的话，他（她）就开始哭闹，嫌饭菜不好吃，嫌餐具不好看，嫌弃一切他（她）能想到的东西。所以说，不管他（她）心情好坏，这饭都不会顺利地开吃。

等熊孩子终于肯吃饭了，你会发现他（她）忽然小鸟附体，吃东西跟啄食一样，吃那么几口就不吃了。而多数熊孩子，在吃了一丁点儿饭菜以后，就开始问可不可以吃甜点了。

你最好扯个谎，让他（她）相信水果就是很像样的甜点。当然，你我都知道水果根本不是甜点，可小朋友没那么聪明。至于你用的是不是有机水果，这不重要，小家伙舔了自己的鞋底都没事，吃点普通水果有什么要紧？

如果你走的是传统路线，坚持让孩子坐在饭桌旁边吃饭，那你心里得明白一点，饭菜最后都会被弄到地板上去的。你要是精力足够，就马上收拾干净，如果精力欠佳，隔几天收拾也是一样，因为地板上樱桃隔周的味道和上好的葡萄酒一样历久弥香，这种事情我才不会随便告诉别人。

既然这么折腾，为什么还要想方设法让熊孩子吃饭呢？因为，如果他（她）不吃饭，那么临睡前你就更加别想好过，一只又饿又困的熊孩子会做出些什么事来，相信每位父母都有血泪经验。所以，想尽办法让他（她）们吃饭吧，或者临睡前给他（她）喝点浓汤，这样你才不会在半夜爬去厨房给他（她）做煎蛋。

挑食熊孩子之
专用食谱

你愿意的话，尽可以大费周章地精心制作每一餐，就是那种发到网上能让一千个人瞬间点赞的美食，只是，熊孩子可未必买账。当他（她）动动小手就将盘子碰到地上时，你一定要忍住别动怒。所以，为了避免你辛苦两个小时的劳动成果一秒变垃圾，不妨参考一下我为你提供的食谱吧。

"可以睡觉了没？"风味奶酪面包杂烩

先拿两片白面包，就找最不健康的那种，越精制的越好，要软得像枕头，不含任何全麦或其他明显的营养成分的。要买这种面包，就去杂货店麦芽酒和烟卷纸旁边的"特价处理品"货架上找。再来一条奶酪，就是那种混合奶酪，这种奶酪不用冷藏，因为根本不是拿来吃的。

把奶酪夹在两片面包中间。用平底锅热化半杯黄油，把"面包杂烩"放进去煎得两面金黄。拿个熊孩子合意的盘子（要开口问，别自作主张），把"可以睡觉了没？"风味奶酪面包杂烩盛上，然后等熊孩子的下一步指示。熊孩子有意见的话会"嗷"一声吼，要么让你把面包皮去掉，要么让你把面包片切成特殊的形状。

熊孩子把"面包杂烩"咬个两三口后，就会问可不可以吃甜点了。如果你说没有甜点，熊孩子会哭得惨绝人寰，甚至把刚才吃的那两三口面包杂烩都给吐出来。

打扫干净，你就给自己倒杯伏特加吧。

"不费吹灰之力"油拌饭

先煮一些白米饭。不用野生稻米、糙米、藜麦什么的，就是简单的白米饭，往里拌上足以堵塞二百五十斤大胖子动脉血管的黄油，这碗饭就跟太阳一样黄澄澄、亮堂堂的。但要小心，不要随便选餐具，熊孩子如果看你用碗盛饭而不是用盘子，说不定又恼火了，因为"小宝宝"才用碗呢，然后他（她）会在盛怒之下，把碗一掀，连碗带饭就翻到地上去了。

"营养为零"麦片点心

把熊孩子最喜欢的麦片倒进一个碗里，加上足量的牛奶。趁他（她）忙着吃时，你可以上上网，然后在你的主页上来个图配文"今天的无麸质营养食谱"。

管教熊孩子，
不要靠太近

"不攒钱供你上大学"比萨

花两百块叫个比萨外卖。听你家熊孩子在那号哭半小时，怪比萨颜色不对、形状不对、味道不对，各种不对。看他（她）就啃了一小片比萨面皮，然后你上谷歌搜索"生气会不会得心脏病？"，准备洗洗睡。

"供熊孩子糟蹋"意大利面

煮上一锅能喂饱一个小村子的意大利面，用个大碗盛起来，拌上黄油。眼睁睁看着熊孩子把意大利面抹得满头满脸都是。问你自己：我这是何苦来着？叹口气，给熊孩子洗个澡。

点心时间到

　　熊孩子都喜欢点心，比男人都喜欢美女更理所应当，在这个环节，你可以稍微放下重担，因为熊孩子难得好心情，或许会在这十五分钟内放你一马，让你能借机喘口气了。

　　要给熊孩子吃点心，最好的做法就是给他（她）一把小香肠，让他（她）自己抓着吃，这样叉子啊勺啊什么的都免了。如果熊孩子需要补充点纤维，就再给他（她）一杯牛奶，丢些水果葡萄干什么的。

　　膨化食品：膨化零食其实都只有半筒或半袋的量，价格还老贵。买这种酥脆小零食的时候，你真的不用想太多，只要知道一点就好了：最后百分之九十都是由你来吃，所以选个自己喜欢的口味最要紧，而且配上超市里任何一款酒味道都绝佳。

　　糖果：糖果对小孩不好吧？也许吧。心烦对父母不好吧？肯定啊。

　　所以糖果该给就得给，想那么多干吗！你如果是 1985 年之前出生的，你父母给你吃的三餐尽是加工肉制品、白面包和腌咸菜。还记得美式奶酪三明治吗？还有那种酷爱牌饮料？我们都吃着这些东西长大，现在不是照样活得好好的。我们以前哪里知道什么是有机苹果啊。所以说，一根棒棒糖不会要了你小孩的命的，除非棒棒糖的糖球掉下来噎着他（她）喉咙了。那就记得给他（她）吃之前拨一拨糖球，确定糖球很牢固掉不下来再给他（她）。

当教熊孩子，
不要靠太近

三好父母

"真是无可救药的父母！难怪现在有那么多小胖墩。我家孩子喜欢吃蔬果沙拉，喝的都是我们家菜园自种蔬菜做出的蔬菜汤！"

回复：或许是时候让你知道，怎么闭上你的嘴啦。

只是，千万不要给熊孩子吃巧克力。这种行为不可原谅。才不要把巧克力浪费在熊孩子身上。

果汁：不要一提果汁就紧张。很多父母一听果汁，就好像那是什么掺了病毒的液体。不就是果汁吗？又不是毒品，有什么可大惊小怪的。别喜滋滋地说"我家孩子从来没喝过果汁"这样的话，好像孩子刚得了诺贝尔奖似的。我们这一代不就是喝着汽水和果汁长大的吗？我并不鼓励你让孩子天天果汁不离口，但该让他（她）尝试的东西，就去尝试。

唯一需要防范的，并不是果汁本身，而是熊孩子对于果汁的热情。这东西对于孩子来说不亚于迷幻药，你往杯子里倒果汁的时候，他（她）会跟犯了烟瘾的人一样直扑过来，抓耳挠腮，心痒难耐。愿意的话，你可以往果汁里兑水稀释一下，但这会让味道大打折扣。所以，兑不兑水你自己看着办吧。

亲爱的驯娃达人：

我家熊孩子三餐只喝牛奶，这样可以吗？

犹他州宝妈

亲爱的犹他州宝妈：

绝对没问题。熊孩子就跟植物一样，通过光合作用汲取营养。如果你家孩子不吃饭，光喝全脂牛奶，不吃固体食物，别着急发火。除非小家伙饿得神志不清了，八成他都不会有事的。你也可以问一下医生，让他开点药，你心里会好受一些。

亲爱的驯娃达人：

我给我家熊孩子吃的东西都挺健康的，可还是觉得其他家长做得比我好。我该怎么办？

缅因州两岁宝妈

亲爱的两岁宝妈：

不管你怎么做，你总会发现有人做得比你好。你不妨这么想：僵尸来袭的时候，身上有乳酸菌和红茶菌味道的小孩，往往最先被吃掉。

亲爱的驯娃达人：

　　为什么我家熊孩子不肯吃没吃过的
东西？

　　　　　　加州宝爸

驯娃达人

亲爱的加州宝爸：

　　因为你太在乎他（她）吃不吃了，
他（她）反而不配合。而且熊孩子的味
蕾都非常敏感，茄子啊全麦啊这些东西
的口感他（她）们很不喜欢，乐事薯片
才符合他（她）们的口味。因为熊孩子的生活基本上都受制于你，
他（她）一旦发现你再努力也没办法把食物塞进他（她）的食道，
吃饭立马就成为他（她）表示反抗的主要方式了。

亲爱的驯娃达人：

　　为什么我朋友家的小孩比我家熊孩子吃饭更听话呢？

　　　　　　威斯康星州宝妈

亲爱的威斯康星州宝妈：

　　原因有二：要么你朋友隐瞒了什么，要么老天爷真的更偏爱他
们。别跟人比较了，这会让你郁闷死的，想办法带好自己的娃才是
正经。

哄熊孩子吃饭的小伎俩

言归正传，虽然之前说了很多应付熊孩子吃饭的办法，但是作为父母，还是会忍不住一次次去寻找能让他（她）们好好吃下正餐的方法，毕竟，没几个人能心宽到看着自家孩子从沙发缝里抠带着头发的坚果往嘴里塞，还认为这是段难得的亲子时光吧。

怎样让你家熊孩子不要光喝牛奶啃饼干，而是正经吃饭？这里有五种方法。

1. 熊孩子都不喜欢从自己碗里吃东西，因为这太没新意了呀，其有趣程度远远低于从你碗里抢点吃的。他（她）这么胡闹的时候，内心独白是："我的饭是我的，你的饭也是我的。"如果你从未经历过熊孩子伸出他（她）那只脏兮兮的小胖手（可能刚刚摸了屁股）从你的碗里把你最后一片熏肉抢走了，你就心里偷着乐吧。不过，如果你家孩子有喜欢抢你东西吃的习惯，你大可以趁机把你想让熊孩子吃的东西都堆进自己碗里，然后假装吃得津津有味。不一会儿，你家熊孩子就会蹿到你旁边来，求你赏他（她）一片红菜椒尝尝。你要假装自己其实也非常想吃那片红菜椒，舍不得给他（她）吃，熊孩子越是觉得他（她）抢了你心爱的菜，他（她）就越是开心。如果你家熊孩子心情不错，说不定会格外开恩，让你从这片红

管教熊孩子，
不要靠太近

菜椒上咬一小口。你要适时地难过摇头："不要了，没关系，你吃吧。"你家熊孩子就会觉得自己大获全胜。

2. 番茄酱。熊孩子都喜欢番茄酱，因为番茄酱百分之九十九都是糖。因此，不管吃什么都给他（她）抹点番茄酱准没错。你大可不必按照网上的攻略，去制作什么低糖番茄酱，你没那个精力，不如就买现成的给小孩吃。至于熊孩子通常十分嫌弃的什么西兰花、豆子、土豆、胡萝卜之类的，都可以配上番茄酱的。

3. 请另外一个小孩来家里吃饭。熊孩子都喜欢和同龄人一起吃饭，这跟土狼喜欢争抢一只鹿是同样的道理。如果有别人家的小孩一起吃饭，原来哭哭啼啼不肯吃饭的熊孩子立马就会狼吞虎咽的。

同龄孩子越多，他吃饭越香，因为熊孩子会怕自己不够吃，所以干脆抢着吃。鉴于目前还没有租娃陪吃饭的业务，你只好多交些朋友，然后邀请他们带着孩子来家里吃午饭，好让你家熊孩子用一顿饭吃足一个星期的卡路里量。温馨提示：家里的兄弟姐妹不算，熟悉的人之间没这种效果。

4. 美式软奶酪。美式软奶酪是液态奶酪的近亲，同父异母的私生子。估计里头根本没有真正的奶酪，然而颜色却和融化掉的奶酪一样，而且同样黏糊糊的，但对于两岁熊孩子来说，这就够啦。美式软奶酪比起液态奶酪有个突出的优势，那就是比较好消化。

5. "再吃一口"小把戏。熊孩子总想知道你去拿甜点之前，他（她）还要再往肚子里塞多少食物才行，所以你可以趁机不断地骗他"再吃一口就去拿"。反正他（她）不会数数，反应又慢，老以为再吃一勺就可以吃到布朗尼圣代了，于是就不停地一口一口吃下去。用这小把戏就看你本事了，尽量能耍多久就耍多久。

垃圾食品的新叫法

如果你觉得自己给你家熊孩子吃的都是垃圾，别太过意不去。多数熊孩子会在某段时间里，只吃一些垃圾食品，在外人眼里，你这当妈的显然很没人性，很不关心孩子的健康，或许连你自己都忍不住这么想。然而情况哪有那么糟，当你学着在脑中重新定义这些食物时，你会发现，哈哈，世界大不一样。

鸡块	……………………	纯正脆皮鸡丁
比萨	……………………	田园风意式芝士面饼
炸鱼条	……………………	酥脆英伦岛海鲜棒
炸薯条	……………………	美味土豆条
番茄酱	……………………	新鲜出厂番茄调味汁
水果点心	……………………	脱水水果薄片
无水果成分果汁	………	高仿水果饮料
棒棒糖	……………………	手持棍式果味糖
黄油	……………………	加强维生素硬化牛奶
牛肉干	……………………	咸味蛋白条

餐厅就餐须知

带熊孩子去餐厅？你一定是嫌自己日子过得太滋润了。当熊孩子遇上餐厅，那绝对是许多熊孩子家长的噩梦。你肯定也会和很多父母一样，拼命在餐厅的地板上找一道缝，希望可以把自己藏在里面。

无数经验教训告诉我们，不要带你家熊孩子去餐馆吃饭，千万不要！即便你家冰箱只剩下蛋黄酱和啤酒了，你还可以叫外卖啊，或者开车火速去麦当劳汽车餐厅买份快餐回来也行。

总之，千万千万不要带你家熊孩子到餐馆去吃饭，除非这家餐馆专门招待野生动物，那另当别论。否则的话，如果这家餐馆不允许流浪猫、野猴子入内，那你家熊孩子也属于被禁入之列。

如果你还是不死心，想尝试一把，你就会马上明白什么叫作精神崩溃、欲哭无泪了，每待一小时折寿六个月……而且不仅是你，还包括餐厅内的所有成年人。

带娃外出就餐噩梦重现：

刚开始，一切都是美好的，你满怀希望地走进餐馆，其他顾客也都朝着你家可爱的孩子微笑。你胸中涌起一股自豪感，心想："这次……这次肯定会跟以前不一样的。"服务员面无表情，领你到餐馆后面一个黑乎乎的角落坐下，因为她太知道熊孩子的德性了。

管教熊孩子，
不要靠太近

三好父母

"我家孩子在餐馆都表现很乖，从来不会调皮捣蛋。可能你们应该多花点时间管教管教孩子。"

回复：胡说！

然后，噩梦开始了。

你家孩子一落座，就立刻钻到餐桌下面去了，你根本没有心思悠闲地浏览菜单，只能一个劲儿地喊他（她）起来。等服务员把你的饭菜端上来的时候，你家孩子就闹着要上厕所。你带着他（她）进了公共厕所的小隔间，坐在马桶上，这位水灵灵的娃生产出了这辈子最气势磅礴、气味熏天、轰天震地的一坨便便。然后你得拿着厕所里堪称世上最廉价、最轻薄、吸水性最差的厕纸给他（她）擦屁股。纵然你洗了三遍手，手上的味道依然经久不散，而 30 秒后，你不得不用这双手去享用你花费不菲的大餐。

你们终于重新坐下开始吃饭，整顿饭的时间，你都在享受其他顾客射来的恶狠狠的目光，因为你家熊孩子一直在毫不掩饰地东张西望，盯着别人的脑门，大声地对他们评头论足。

你叫服务员拿杯水给熊孩子，希望把他（她）的嘴堵上，服务员拿过来了一大杯冰水，还不加盖，然后直接递给你家娃，好像在说："谁让你把孩子带这里来撒野了？！"

如果你是和另一半一起来的，那你们俩必然得有一个负责带孩子在餐馆里里外外遛狗似的四处溜达，剩下的那个是幸运的，起码可以独自吃一会儿饭。

在公众场合，你得强压住满腔怒火，不能骂更不能打小孩，否则会被热心人报警，说你虐待小孩。然而，你家熊孩子可不会领你的情，他（她）会借机变本加厉地撒野耍泼，弄得整个餐厅的人都觉得，你是这世界上最失败的父母。

总而言之，一直到这顿饭结束，你家娃那盘价值 80 元的奶酪通心粉基本一口没动，你心有不甘，于是把它打包回家，第二天再叫熊孩子吃，想把这损失弥补回来。在你家娃两次三番不肯就范后，你只好拿着三天前的这些食物，蹲在冰箱旁边囫囵吃下肚去。

如果经历了这样的梦魇之后，你还想带你家熊孩子去餐馆用餐，那后果自负了，别说我没警告过你。

唯一的例外情况，是发生了天灾，而那家餐馆是你们家事先约定的集合地点，那带孩子进餐馆纯属形势所迫，万不得已。不过，即便是这样，你也别忘了带上平板电脑，以免在地震或水灾殃及这里前，先被你家熊孩子拆掉了房顶。

5

睡前
持久战

吃饱喝足后，熊孩子也该睡觉了，然而，熊孩子的睡觉问题一直让家长们郁闷不已——困了你就睡嘛，为什么每次都要又哭又闹，我巴不得你赶紧睡着，我好趁机休息休息。

在我们的孩子变成熊孩子前，我们会以为，只有新生婴儿才会因为困倦而大哭，事实上，你想得真的太美啦，熊孩子闹起觉来堪称人间炼狱。

如何缓解
为人父母的疲惫

困——是所有熊孩子父母的心声。

大多数熊孩子天刚微微亮就醒了，加之他（她）们成天捣蛋，你总绷着神经枕戈待旦，所以一天下来，会疲惫不堪。

小东西成天跟穿着奥什科童装的劲量小白兔一样在家里活蹦乱跳，东奔西跑，你顾此失彼，穷于应付，也没有什么速效的办法可以缓解一身的疲累。如果想自己稍微好受一些，你可以买一个简易的咖啡机，就买那种只要按一个按钮就可以坐等咖啡泡好的款式。那些还需要过滤咖啡粉之类的就算了吧，你连今天星期几都记不清，哪有心力弄那么多道工序？大多数咖啡机的价格要几百块钱，这价格或许会让你心里一紧，但是想想看，喝了咖啡你开车时才不会打盹，才不会撞坏车子或者撞到行人，才不会因此赔得倾家荡产或者进监狱，所以，这几百块花得真的很值。

　　虽然咬牙买了咖啡机，不过一定要记得物尽其用，不要出现"等到下午五点半你准备用微波炉热正宗脆皮鸡块的时候，才发现里面赫然放着早上的咖啡"这样的悲剧。

　　白天你要见缝插针地找机会躺一躺，养精蓄锐。如果你白天上班，就躲进储物间，或者蜷缩在办公桌底下歇一会儿。如果你有自己的办公室，就放言说自己有个很重要的电话会议，然后关上门，直接昏死在地板上。

　　有的父母很聪明，懂得在熊孩子没睡觉的时候想办法放松自己。怎么放松？简单，编游戏呗。就编些需要躺下来什么都不做的游戏，这样你才能带着熊孩子熬过漫长的下午。游戏的名字要起得别出心

裁，让孩子明白玩这些游戏的时候虽然你就躺在那里，但是不会动，也不会看他（她）。

疲倦的父母可以和孩子玩的游戏：

★ 睡人爸比   ★ 医院病号

★ 生病的老虎   ★ 不搭理人的朋友

★ 睡觉的病人   ★ 瘫痪的毛毛虫

★ 我是一条毯子   ★ 安静的大山

★ 断气了的海星   ★ 绕着我玩

★ 妈妈变成化石了   ★ 木头人

★ 假装我隐身了   ★ 我变成一缕头发了

花十块钱从玩具店买个医生专用药箱，让熊孩子戴着听诊器，敲敲你的膝盖、听听你的胳膊肘。再给他（她）一条毛巾、一个漏勺、一些乳液，好让他（她）在你身上操练各种医术，你就躺那儿任其摆布就是了。熊孩子细嫩的小手在你背上挠来挠去可舒服了，你要把他（她）训练成小小按摩师，这样你就可以合上眼好好享受了。当然要注意不要就此睡过去，不然等你醒来时，很可能发现自己的包被熊孩子翻了个底朝天，而他（她）正拿着你的药店优惠券当三明治啃。

好好利用午睡时间

一定要让熊孩子午睡，绝对的。熊孩子睡觉了你才有喘息的时间，否则你会不堪重负，神经失常，然后嘴里胡言乱语，在市中心裸奔。

如果你可以让熊孩子睡上两觉，那再好不过了，如果他（她）只肯睡一觉，也够好了，因为他（她）原本一觉都不用睡的。即便熊孩子只是坐在婴儿床上思考人生（也就是大喊大叫，用力踹墙），那也是不可多得的"安静时刻"了。多数父母都是午饭以后开始让熊孩子午睡的，比如下午一点钟。如果熊孩子能从一点钟睡到三点钟，那你的人生会因此大不相同。这段时间你可以好好地休整休整，不过不要安排什么正经事，否则熊孩子午睡的时候你的生活会变成这样。

孩子午睡时的超人作息表：

★ 下午一点钟　哄熊孩子睡着。

★ 一点十五分　洗碗筷。

★ 一点三十五分　收拾客厅。

★ 一点五十分　东擦擦西擦擦。

★ 两点　开始洗衣服。

管教熊孩子，
不要靠太近

★ **两点十分** 打扫卧室。

★ **两点三十分** 开始准备晚餐，往炖锅里随便丢了点东西开始炖。

★ **三点** 对自己的成果感觉良好，心想："啊……好了，现在歇一会儿吧，我可干了不少活啊。"

可当你的屁股一沾沙发，或者你的头一碰枕头，你家孩子脑袋里的感应器就拉响了，立马哭着醒过来。你看，你想着多干点活，到头来结果如何？还不是累上加累，自讨苦吃。一定要记牢了，下次别犯这种错，你应该这么做才对。

孩子午睡时的你的作息表：

★ **下午一点钟** 哄熊孩子睡着。

★ **一点零五分** 脱了裤子上床。

★ **一点零七分** 躺床上看看片吃吃东西。

★ **一点十分** 嘴里含着奶酪睡着了。

★ **三点** 听到熊孩子醒了，起床，穿上裤子。

这时候你看看，家里干净吗？不干净。但是你是想把孩子挂网上登广告卖了吗？不想。这不就成了！所以说，脱了裤子含着吃的睡上一觉才是正理。如果自己累得够呛，还强打精神打扫卫生，纯粹是犯傻。

76

大撒"起床气"的魔性发作时间

熊孩子午睡醒来，会跟暴躁的醉鬼一样：神志不清，直眉瞪眼，成心找茬，左右都不顺意。睡觉醒来撒起床气的时间叫作"魔性发作时间"，这股魔性可不是发作一阵子就完了，而是持续大——半——天。

你家孩子魔性发作的时候会脸红筋暴，咆哮如雷，而且要你一直抱着、哄着不肯下来。

魔性发作时间你的内心独白：

★ 怎么会这样啊？

★ 孩子他外婆，你能不能赶过来救我一下？

★ 我失去了活着的意义。

★ 带孩子真是人间酷刑啊。

如果你负责挣钱养家，你的配偶负责在家带娃，一下班你就得火速往家里赶，否则他（她）会熬不住的。如果你磨磨蹭蹭，等你终于到家，会发现你家熊孩子孤零零一个人坐在幼儿围栏里，面前摆着一碗饼干、一杯自来水，而你的配偶已经不知去向，只在桌上留了一张字条："叫你快点回家你不快点。永别了。"

熊孩子魔性发作期间你根本没办法准备晚饭。如果你真要做，

就买个幼儿背带把孩子捆在你的背上。如果不想做，就叫外卖。反正熊孩子还处于走火入魔的状态，又不愿意吃麦片以外的东西，所以吃晚饭也一如既往地险象环生、举步维艰。

魔性发作时间时你的反应：

- ★ 上网买买买，花掉家里的积蓄。
- ★ 抹眼泪。
- ★ 到后院狠狠抽根烟。
- ★ 起草离婚协议书。
- ★ 小声嘟哝地骂孩子。
- ★ 化愤怒为力量，拼命搞卫生。
- ★ 借口出门倒垃圾，在家门口的小巷上来回晃荡一个钟头。
- ★ 假装上厕所，坐马桶上玩手机。
- ★ 离开孩子，躲在车库里的箱子后面不出来。

猛一看起来，你或许会觉得这些方法没什么用，甚至有些窝囊好笑，因为它们都不是在教你和熊孩子正面交锋，而是在教你躲开孩子，借机发泄心中的情绪。但在我看来，这些正是最智慧的方法。

我们都无法做到目睹熊孩子的百般抽疯时，还能面带慈母微笑，拜托，我们只是普通母亲，不是传说中的圣母。但要想自己不发疯，又不做出伤害孩子的事，就先要与让你发飙的源头——孩子保持距离，并且立刻转移注意力，从这个角度上说，以上方法再好不过了。反正，买来的囤货还可以上网卖掉；哭一场就当测试一下你的泪腺是否正常；离婚协议书可以一撕两半然后用来擦桌子；而搞卫生这件事简直就更棒了，等你火气消了，家也变漂亮了，一举两得。

我们都以为，管教的第一步是冲上去纠正孩子的言行，而其实，管教的第一步恰恰应该是拉开距离，让自己干净利落地撤出竞技场，转而坐到观众席上，喝口水，熄灭心中的火气。冷静下来后，你才能看清楚熊孩子正在跑向几垒，并且明白自己应该从什么角度去截击最为有力。

总之，还是那句话——管教熊孩子，你得保持距离。

睡前持久战

哄熊孩子睡觉，就跟把喝得烂醉的朋友从酒吧里拖出来送回家一样，千难万险。

但是，拉个不知道龙舌兰酒绝对不能和葡萄酒混着喝的醉酒朋友回家，也就是偶尔为之，可哄熊孩子睡觉不一样，那可是每天晚上都要上演一次的持久战。

熊孩子虽然知道每天晚上都会准时到来，可不明白为什么每天晚上都要睡觉。一叫他（她）睡觉，他（她）就悲愤填膺，百般耍赖不听话。要么跟嘴巴得了痢疾一样没完没了地用各种问题问得你理屈词穷，张口结舌；要么一而再、再而三地控诉几个月前就已经好了的蚊虫叮咬或者毛毯过敏问题；要么一个劲儿地哭个不停；要么趁着夜色偷偷跑到某个角落躲起来跟你玩捉迷藏，让你急得跳脚。

睡前持久战除了猛追不舍也没有别的战术可
用，反正最后你家孩子总是会睡的，而你也
可能躺他（她）旁边就跟着睡过去了。

我总结了一下熊孩子睡前常用的拖延
手段，你可以参考一下，这样哄熊孩子睡觉
可以有的放矢，见招拆招。

你家熊孩子睡前会说的 100 句话：

1. 我最喜欢的玩具落在车上了。

2. 我最喜欢的玩具落在后院了。

3. 我最喜欢的玩具还在店里没有买呢，你能上网帮我买一个吗？

4. 我的被子太热了。

5. 我的被子太冷了。

6. 我的被子太扎人了。

7. 我的被子有尿尿的味道。

8. 我的睡衣太松了。

9. 我的睡衣太紧了。

10. 我的睡衣颜色不好看。

11. 我想穿的睡衣已经洗了还没干。

12. 我饿了。

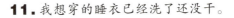

13. 我渴了。

14. 我头发好痛。

15. 我手指好痛。

16. 我脚趾好痛。

17. 我嘴巴好痛。

18. 我牙齿好痛。

19. 我屁股好痛。

20. 我的睫毛感觉不舒服。

21. 我觉得不舒服。

22. 你可以再给我念一个故事吗？

23. 你可以再亲我一下吗？

24. 你可以再抱我一下吗？

25. 你可以让月亮变个颜色吗？

26. 如果《芝麻街》的艾摩是我爸爸会怎么样？

27. 你是谁呢？

28. 我们明天要干吗呢？

29. 我们家很穷吗？

30. 你的爸爸姓什么？

31. 我有银行账户吗？

32. 我们住在哪个国家呀？

33. 我是你抱养的吗？

34. 你是外婆抱养的吗？

35. 我想和外婆一起住。

36. 为什么你看起来不高兴啊？

37. 为什么你的脸看起来这么老啊？

38. 为什么你的脸上有一条一条的纹啊？

管教熊孩子，
不要靠太近

39. 我们死了以后会怎么样啊？

40. 我可以再洗个澡吗？

41. 你可以给我做一些爆米花吗？

42. 为什么你嘴里呼出的气里有啤酒的味道啊？

43. 动画片里的西德科学小子会注意力不集中吗？

44. 你最喜欢的颜色是什么呀？

45. 你想堆个雪人吗？

46. 头发的反面是什么？

47. 为什么尿尿是黄色的呢？

48. 为什么尿尿会热乎乎的呢？

49. 你可以帮我拿双别的袜子吗？

50. 我可以再换一身睡衣吗？

51. 我想换张床单，我们可以换床单吗？

52. 我可以吃个橙子吗？

53. 我现在想吃维生素。

54. 我是怎么来的啊？

55. 宝宝都是怎么生出来的呢？

56. 我是机器人吗？

57. 我们为什么要穿小内裤啊？

58. 便便是巧克力做的吗？

59. 为什么便便的颜色和巧克力一样呢？

60. 我们家里有巧克力吗？

61. 明天是我生日吗？

62. 我生日是什么时候啊？

63. 我生日时可以得到什么礼物啊？

64. 我的生日蛋糕会是什么颜色啊？

65. 你可以挠一挠我的背吗？

66. 你可以挠快一点，挠轻一点吗？

67. 你为什么快睡着了啊？

68. 草是什么啊？

69. 世界上有多少种动物啊？

70. 云是什么做的啊？

71. 你坐过宇宙飞船吗？

72. 血是什么啊？

73. 我可以看电视吗？

74. 我可以玩 IPad 吗？

75. 我可以跟你下楼吗？

76. 我可以睡你的床吗？

77. 我可以吃个三明治吗？

78. 我可以喝点巧克力牛奶吗？

79. 明天是万圣节吗？

80. 我现在可以穿万圣节的衣服吗？

81. 你为什么哭了啊？

82. 你是妖精吗？

83. 我会不会是王子（公主）？

84. 三加三等于几啊？

管教熊孩子，
不要靠太近

85. 为什么？

86. 你是《冰雪奇缘》里的艾莎公主或安娜公主吗？

87. 我可以飞吗？

88. 我会不会有超能力还没被发现啊？

89. 气球是什么啊？

90. 你睡着了吗？

91. 我可不可以再吃一点点东西？

92. 奶酪？

93. 饼干？

94. 好，就吃个苹果？

95. 我可以把晚饭没吃完的现在吃掉吗？

96. 明天早饭吃什么呀？

97. 现在几点了？

98. 你又睡着了吗？

99. 你要去哪啊？

100. 你能不能再抱我一下下？

这就是你的生活，伴随着熊孩子的喋喋不休，和你脑袋里的嗡嗡作响。

所有有过哄睡经历的家长几乎都幻想过，自己能够找到自家熊孩子身上的开关，然后一键关机，好好过一晚上安生日子，不骗你，我被熊孩子叨唠到绝望时，真的摸索着在他们身上找过。

只是，开关没找到，自己的心情却变得一万个不耐烦，于是，在强打精神回答了一两个问题后，你的回答便会慢慢变成下面这些硬邦邦的话：

"我不知道。""这个不行。""不清楚不清楚不清楚。""别问了，再问我就要生气了！""我生气了！""啊，你怎么又哭了？我并没有说什么啊。"孩子没睡着（闹不好还更精神了），你却已经血压飙升，这真是人间悲剧啊。

其实，何必和熊孩子那么较真，你只要哼哼哈哈地说些语气助词，或者干脆岔开话题就行，反正无论你答得多么标准详尽，他还是会紧接着抛出下一个问题，直到把你逼疯。别担心自己这么做会显得太过糊弄，就好像，我们对熊孩子说的很多话，他（她）们都会左耳进右耳出一样，为了公平起见，熊孩子说的很多话，你也不要太认真，其实他（她）们也就是说说而已。如果你真往心里去，不仅会回答到口干舌燥，心里也会觉得无比疲惫。

总之，和熊孩子对话，尤其是在他们睡前，根本无须逻辑严谨，一问一答跟得那么紧。你要做的，只是声音小点，语速慢点，胡乱扯些什么，这样就能起到催眠效果了。

6

如厕训练：
麻烦的开始

管教熊孩子，
不要靠太近

你以为只要让熊孩子穿了衣服、吃了饭、睡了觉，这苦难的一天就结束了吗？ 当然不是，熊孩子很可能会在半夜三点爬起来告诉你："妈妈，我要上厕所。"

你顿时会觉得头顶响起一个炸雷，恨不得立刻将自己打晕过去。

所有熊孩子的父母都知道，让一个熊孩子上厕所是多么可怕的事情。

我不知道你家那位熊孩子是不是还穿着纸尿裤，穿着也没什么，想开点：至少你不用在如厕训练过程中，洗成堆的尿湿的裤子。就算你一直不打算做如厕训练，你也要相信，卷起铺盖滚去上大学的时候还穿着拉拉裤的羞耻感，会帮你解决这个问题的。

如厕训练因人而异，对于熊孩子和父母来说，要么如同去地狱走一遭，要么就是小菜一碟，两者只能选其一。熊孩子要么一学就会，仿佛从来没用过纸尿裤一样，这样的孩子约占 15%；而剩下的绝大多数，则属于屡教不改型，好像便盆是他（她）不共戴天的死对头。但在你真正进行如厕训练前，你无从知道自己的熊孩子是哪一种，只有他（她）们自己才知道答案。如果你家孩子一学就会，你也千万不要以为这跟你有任何关系。生过几个孩子的过来人会告诉你，这并不是什么训练有方，而是你纯粹走了狗屎运，所以，要保持距离，要低调，别趾高气扬地在网上炫耀了，这会挨骂的。

为了如厕训练，你可能会买来各种用品：拉拉裤（戒掉纸尿裤的过渡产品）、布料训练裤、贴贴纸奖励表、巧克力豆、彩虹糖等，不过你真正需要准备的，是洗衣粉。因为你要经常洗尿湿或拉脏的裤子，一天下来数不胜数。准备好一个桶、拖把、漂白剂，还有专门用来擦屎擦尿的毛巾。

"我可不信如厕训练那一套，我足足有六个月都是直接把两只手放在我家孩子的屁股下面，接住他的屎和尿。"

三好父母

回复："记得提醒我永远不要到你家吃饭。"

在如厕训练期间，你会变身监狱官，要全天24小时盯着他（她），我希望你乐于帮他（她）把塑料便盆里湿漉漉黏糊糊的便便抖进马桶，并且将其刷干净，因为在之后的一段时间内，这就会是你的生活。记得指甲要剪短，头发要扎起来，免得沾到那些恶心的便便。我可没开玩笑。随身放一些薄荷膏，如果觉得实在恶心，就放鼻子下闻一闻，可以止吐。

如厕训练意味着你可能会跑遍全市每一间公共厕所，还会经常体验汽车座位永远散发一股尿味的喜悦。有时候你会想干脆不管他（她）会不会自己上厕所，就让他（她）穿尿裤一直穿到四年级得了。

如厕训练不能操之过急，否则等到孩子大一些再走回头路，你会懊恼不已。不要逢人就说自己孩子一岁半就会自己拉屎拉尿了，你就等吧，等他（她）满两岁了，你又得重新买拉拉裤，那些优越感会消失得很快。

管教熊孩子，
不要算太迟

如厕训练

喝酒游戏

不过，要说如厕训练糟糕透顶，也不尽然。你可以轻而易举地把如厕训练变成一个游戏，不是孩子玩，而是你玩。

★ 如果熊孩子在便盆上坐了半小时也不拉，结果你刚把他（她）提起来五秒钟，他（她）就把便便拉在地板上了，你就可以喝一杯酒。

★ 如果你在杂货店、机场、车管所排着队的时候熊孩子大叫说他（她）急着要上厕所，你就可以喝一杯酒。

★ 如果你家熊孩子说要尿尿，可附近没有厕所，你只好逼他（她）在停车场的车子或树丛的掩护下尿尿，你就可以喝一杯酒。

★ 如果你家熊孩子从厕所的垃圾桶里拉出一条用过的卫生棉，问你说："怎么这只风筝上面都是血啊？"你就可以喝两杯酒。

★ 如果你要徒手铲起你家熊孩子拉的一坨屎，你就可以喝一杯酒。

★ 如果你家熊孩子把尿撒你身上，淋得你一身湿透，你就可以喝一杯酒。

★ 如果你一天洗了十条尿湿的裤子，你就可以喝两杯酒。

★ 如果你家熊孩子当众尿尿，还不肯承认是自己尿的，你就可以喝一杯酒。

★ 如果你家熊孩子把便便拉裤子上了，还从裤腿里抖到了地上，你就可以喝一杯酒。

★ 如果你以为熊孩子懂得自己上厕所了，结果他（她）很不留情面地用实际行动告诉你，他（她）并没学会，你就可以喝四杯酒。

★ 如果你有个"朋友"跟你说她家孩子六个月就会自己拉屎撒尿了，结果后来你发现她说了假话，你就可以喝一杯酒。

生活也可以很有趣，但要注意，别把自己喝醉，你一会儿还要把他（她）的小马桶刷干净呢。

7

熊孩子
的娱乐活动

管教熊孩子，
不要靠太近

正视现实吧，当你的生活中出现了"熊孩子"这个物种，也就代表着你的好日子一去不复返，你会变得忙乱、邋遢、易怒，恨不得能有外星人出现，把熊孩子抓走。很多父母在这样的抓狂心态下，都会性情大变，要么暴躁指数 24 小时满格，要么得上了幼稚病——脱离了成人世界，沉浸在孩子的世界里，假想自己是卡通人物，或者是满嘴儿语，甚至搂着沙发上的抱枕啃印在上面的金鱼。

这并非是你的精神真的出了什么毛病，而是你和熊孩子待得太久，靠得太近，慢慢地被他（她）们同化了——注意，是同化，而不是所谓的童心未泯。在正常人眼中，一个言行像孩子的成年人，绝对是个笑话。想要避免这种状况日益恶化，你得时不时与熊孩子保持距离，给自己放放风，接触一下熊孩子以外的人类，或者给熊孩子找些事做，让他（她）们暂时从"黏在你身上"的状态中出来。

当然，你想来一场抛夫弃子的旅行是不可能的了，也不可能真的召唤出喜欢绑架小孩的外星人，你最容易实现的，就是去附近的公园走走，或者利用网络找些娱乐活动，当然，做这一切时熊孩子都会在你身边，而这意味着，这将是一场斗智斗勇的战斗。

带孩子去公园

带孩子去公园，真是所有父母都很烦的事情，但是我们却不得不这么做。因为去公园很能消磨孩子的精力，让他（她）们不再只是与你作对。同时，让他（她）与外界接触，可以有效避免其性格过于孤僻，以至于 20 年后只能窝在我们的地下室度日。还有一点，除了祸害你们居住的房子，总得让熊孩子祸害一下其他地方吧，转换一下战场，起码在打扫的时候不用那么费神。

如果你能隔三岔五带孩子去公园，还能克制住心底只想坐公园长椅上歇着的冲动，甚至能陪着孩子荡秋千，很好，我给你点赞。你真是难能可贵，精神可嘉。当然，如果你真的只是坐在长椅上玩手机，还是要给你点赞。起码你没有扔下熊孩子自己去逛商场，天知道你有多久没逛过商场了。

提升公园趣味指南：

不是所有孩子天生都爱公园，也许你开了半个小时的车带他（她）去公园，刚进门他（她）却嚷嚷着想回家，那怎么行？父母的任务之一，就是让孩子喜欢上公园，并且能在里面好好待上几个小时。下面，就是几个实用的提升公园趣味指数指南，家长们的出游必备：

★ 带上自己的玩沙工具。小朋友都不喜欢跟人分享，这不是自私，谁喜欢分享啊？独占是人的天性！所以，花几块钱在一元店买上几个塑料小铲子、小水桶吧，用黑色记号笔在上面写上你孩子的名字，有这几个法宝，就够你家孩子忙活好一阵的了。

★ 让孩子远离小小孩。当熊孩子见到一个比他小的小孩，他（她）会本能地想要伤害小小孩，比如抓起一把沙子直接扔别人一脸，或者直接在人家后背上来一脚。这都是正常的，他（她）们不是

坏，而是忍不住想试试看这样做会有什么结果。所以，如果你不想被别的家长起诉，那么就要让熊孩子远离那些小小孩，包括那些虽然年龄相当但是看起来性格软弱怯懦的孩子。

★ 让孩子远离其他熊孩子。虽然大家个头差不多，可是熊孩子其实并不喜欢一起玩。如果你不明白，就想想你的同事们，难道就没有任何你讨厌的人吗？熊孩子们有自己的智慧，他（她）们采用的方法叫作"平行玩法"，也就是说即使互相坐得很近，近到时不时可以偷彼此的东西，但也从来不互动。所以，无论你对另一个家长产生了多强烈的亲近感，也不要给自己家熊孩子硬安上一段熊友谊，因为后果将是灾难性的。你的熊孩子会嗅出你对另一个人类感兴趣，然后就会蓄意给你搞破坏，可能会向对方吐口水，或者当众扇你一耳光，就像那些超级爱吃醋的情人一样。熊孩子放大招不是为了让你幸福，而是为了保证你的孤独，这样你就可以投入百分百的精力去满足他（她）的需要了。

★ 带上各种吃的。熊孩子都是擅长觅食的小野兽。只要发现别的父母手里拿的零食似乎比你的好吃，他（她）们就会紧紧跟着人家。为了避免自己家孩子到处跟着陌生人要吃的带来的羞辱和尴尬，你要带上至少四盒果汁、一瓶水、14根奶酪棒，以及熊孩子从没吃过的零食，比如一个果酱三明治、一大包新口味薯片或者两根棒棒糖。记住，你得带两根棒棒糖，因为其中肯定有一根的颜色是错的，然后被熊孩子一边哭一边扔进沙堆里。

★ 把自己来公园的事情广而告之。拍几百张照片发到网上，让大家看看你这父母当得多好，而那些跟孩子宅在家里看电视的家长有多矬。坐孩子旁边，防着他欺负别的小朋友，也别坐太近，省得他（她）把沙子扬到你手机上。

公园的危险隐患：

不要以为把熊孩子带到公园，你就可以松一口气了，在这个相对陌生的环境里，你的精神甚至要比在家里时还要高度集中，因为越是在公众场合，越是有着你不知道的危险。

★ 喷泉。别让你家孩子接喷泉的水喝。白天还好，有人乏了累了就凑到喷泉前鞠一捧水喝，还挺清新爽口，可到了晚上，居无定所的流浪汉就在喷泉水柱下洗澡。如果不介意孩子肚子里翻江倒海吃消炎药，那随便你。不过，你也不用对喷泉敬而远之，因为当你家熊孩子想往沙地里泼水玩的时候，你也只能从喷泉里接水救急了。放心，用手接几捧水不碍事，不会得疱疹的，尽管大胆地往沙地里泼水泼得宛如人工沼泽，逗孩子开心吧。

★ 剃须刀片。我们时不时会听到新闻说有个脑筋不正常的人，把剃须刀片落在了公园里，大多数时候这都是故意的。所以，别一直埋头看手机，记得过个把小时抬头看看你家娃，可别少了块肉。如果孩子真捡到刀片割到哪儿了，赶紧打急救电话，而不是还傻傻地上网求助。

★ 雪糕车。雪糕车专门喜欢往孩子多的地方凑，而熊孩子一看到雪糕就会闹着要买，一直闹到你花18块钱买下便利店只要两块钱的

雪糕才肯罢休。有人可能会给你支招，说可以骗孩子雪糕车放音乐是因为雪糕都卖完了在庆祝呢，不过在公园里这一招没用，当熊孩子看到其他孩子满脸都是雪糕上的奶油时，他（她）就知道自己上当了。算了，放弃抵抗吧，给熊孩子来一根雪糕，顺便给自己也来一根好了，冰镇一下怒火中烧的心。

★ 父母玩失踪的烦人小孩。在公园里，你总能碰见几个父母不知去向的孩子。刚开始，你看他（她）老跟着你和孩子，磨磨蹭蹭、扭扭捏捏地想和孩子一起玩，还觉得他怪可怜的。可这小跟屁虫接着就不知趣地赖上你了，他会问你各种问题，跟你提各种要求（要你帮他推秋千啦，想吃一口你带的零食啦，要你抱他一下之类的），这个时候，你的心里难免有些烦，而且还会纳闷他的父母怎么还不现身。这小可怜虫的父母呢，真的就好像人间蒸发一样，从头到尾都没出现过，如果不是孩子看着穿戴整齐、模样端正，你简直就要怀疑他是无家可归的孤儿了。他们的父母大概觉得，反正公园里好心妈妈多得是，会帮自己照看孩子的，于是不知躲到哪里悠闲去了，但是也正是托这些孩子的福，你这一天下来才会越发觉得自家熊孩子才是货真价实的亲生骨肉，把他（她）照顾好才是世界第一正事。

把熊孩子拖回家

把玩得正高兴的熊孩子从公园带走，绝对堪称一场战役。

不管孩子在公园里表现得乖不乖，根据宪法，你都不能把他

（她）留在那，而是必须领回家（不能把熊孩子趁机扔掉，真的好郁闷对不对）。

然而更郁闷的是，熊孩子去了公园后，都不愿意回家，喊他（她）回家简直就像是要了他（她）的命。所以，去公园别大包小包带太多东西，最好只用一个双肩包装东西就行，因为走的时候，你得腾出手跟夹报纸似的把孩子带走。别管其他父母怎么看你，动作要快，出手要准，用力像猛塞垃圾似的把孩子塞进车。只是，停车的地方别离公园太近，省得有人记下你的车牌号，告你拐卖儿童。

用电视分散熊孩子注意力

说实话，要不是有了电视，多数当妈的早就和《末路狂花》里的剧情似的，把车直接开下悬崖了。我们得庆幸自己真是生逢其时，因为一开电视，孩子就安分了。专家们肯定会说，看电视对孩子不

三好父母

"我喜欢带孩子去公园玩，两个人在那里堆堆城堡，可以待上好几个小时。我想不通为什么有的父母不喜欢带孩子去。"

回复："你闻着宛如一摊新鲜便便。"

好，说的好像那是潘多拉的盒子，藏着多大的恶魔似的，他们才不会理会你多想把熊孩子装进袋子里，然后扔到 7-11 便利店的门口后绝尘而去。拜托，我们只是普通的父母，目标唯有安安生生地熬过这一整天，又不是要拿什么奖杯。

有了电视，想把孩子扔在便利店的人伦悲剧就能有效减少，而那些节目制作人显然都很懂得熊孩子的作息规律，多数幼儿频道二十四小时都有节目，或者凌晨三点就开始播放节目了，因为他们知道小臭蛋哪个时间点起床谁都说不准。

如果想简简单单把孩子往电视前面一放什么都不管，又担心孩子看坏了脑子，那就让孩子看 PBS 频道。这频道播的《芝麻街》绝对寓教于乐，更不会弱智得让人忍无可忍。节目隔三差五会请个名人上来，耍宝卖萌，虽然稍嫌浮夸，但是总比看弱智节目来得要好。

熊孩子一旦看到了电视，通常就会和被催眠差不多，目不转睛，一动不动，不会跟你要这要那，而你要的就是这个效果。

此外，网络电视点播也是不错的选择，这样你就可以给孩子一口气连播一整部动画片。当你忙碌的时候，给孩子换块干爽的纸尿裤，泡杯牛奶，摆上一盒饼干，然后把他（她）往电视前面一摆……哈哈，你成功给自己赢得了一个小时的独处时间，这时你可以收拾家务，或者洗个澡，或者去忙活晚餐。

"绝对不能让孩子看"的节目黑名单：

虽然说电视能让我们稍微有点空闲，但是，有些节目却一定不要让熊孩子接触，不然其造成的结果，足以摧毁 10 台电视、3 栋房子，顺便让你悲观厌世 20 多遍。

首当其冲的，就是类似于《卡由》这样的以"熊孩子"为主角的动画片。

如果你对这部让父母们恨到牙根痒痒的动画片不熟，我可以大致告诉你，卡由就是小区里的孩子王，对其他孩子发号施令的小霸王，一个吵吵嚷嚷的小臭蛋，尽管坏得无可救药，长得也不讨喜，却偏偏要风得风，要雨得雨。然而，每个熊孩子都想成为卡由。这家伙简直是混世魔王投胎，哭闹起来，那声音尖厉得都能把墙漆划破。父母听了只有怒从心头起，不会有一丝去哄的欲望了。

我曾见过很多宝妈宝爸们抱怨，说自己的孩子看了《卡由》以后就开始哼哼唧唧，这也不行，那也不干，成天跟自己过不去。在动画历史上，从没有一个小孩像卡由这样这么让父母们气愤的，你可以去搜索一下"卡由"，会搜到他以刀枪不入的金刚之身在火光中

穿行的图片，Youtube 上还有专门讨论他各种臭蛋行径的视频。

接下来我们再说说《麦克斯和露比》。这部动画片讲的就是两只小兔子姐弟的故事——看起来很和谐很可爱是不是，然而，事实却让人大跌眼镜，这绝对是一部穿着动画片外衣的恐怖片。两只小兔子靠奶奶的微薄接济相依为命，虽然动画片里没有明说姐姐露比是杀害父母的凶手，不过已经暗示出来了，光凭这一点，你就要让自己家孩子离它们能有多远有多远。这部动画片的主要目的，就是教会孩子如何从精神上折磨家人和朋友，比如露比对麦克斯的态度蛮横无理、简单粗暴，我估计之后的剧情，八成是麦克斯忍无可忍把露比剁成了肉酱，烙成了一张饼。

《万能阿曼》也是小朋友很喜欢的动画片，主角是老实巴交、热心助人的修理工阿曼。阿曼脑袋不太好使，经常出现幻听幻觉，总觉得自己的修理工具会变成活人，然后叽里呱啦吵来吵去。他的邻居们欺负他脑子不太够用，就老让他修理乱七八糟的东西，还不给钱，这种以强欺弱的动画片，还是不要让孩子看了，除非你希望他长大后成为阿曼邻居们那样的混蛋。

如果你让孩子看《海绵宝宝》这部动画片，那你就是成心想要自己的耳膜穿孔了。我敢拍着胸脯保证，世界大战一定就是这个角色讲话和大笑的声音引起的。同样必须排进黑名单的还有《泡泡孔雀鱼》，这种动画片的设定就很恶心，简单说，就是住在一个男人的子孙袋（你懂的）里的四五只小蝌蚪的故事，他们平时就唱唱歌，跳跳舞，上上课，别告诉这和性知识普及有什么关系，这只能让你家儿子每天无数次去揪自己的小鸡鸡。

买各种垃圾

什么事情都有限度，熊孩子看电视也是如此，如果你家孩子终于看电视看腻了，便又会转头缠着你，这真是个悲伤的现实。不过你还有招数，你可以通过买买买，让客厅里堆满玩具，这样他（她）走过来找你得翻山越岭好一阵子，也算缓兵之计，闹不好中途他（她）就被什么玩具吸引走了，忘了刚刚想要缠着你的想法。

然而，真相是，哪怕你买的玩具再多再高级，熊孩子们也只有8%的时间会用来玩玩具，剩下92%的时间就尽跟你要手机、遥控器、保鲜膜、剃须刀、信件之类的家居用品玩。越是不合时宜的东西，他（她）越想拿在手上把玩，而且还会占为己有。

所以，你与其花大价钱买花哨的德国制造的木制玩具，不如给他（她）一包卫生纸，或者一个包装盒。或者，你干脆多花点心思，在家里制造一些安全的垃圾供孩子撒欢儿。什么叫安全的垃圾？比如拿个垃圾桶，里头装满口香糖包装纸，你家孩子看了肯定喜不自禁。还可以把纸张、塑料瓶、麦当劳苹果派的包装纸盒，统统丢进去，孩子最喜欢这些废品了。你就是对准孩子的头顶倒他一身的可回收垃圾，他也甘之如饴，反正左右就是一个道理：熊孩子就喜欢垃圾。

当然，没有谁的家里会只有DIY出的垃圾，我们肯定会忍不住买

一些看起来正常的玩具放在家里，你如果想买，我不会阻拦你，只是想劝你一句：如果你不想精神失常，那就一定千万不要买会说话或唱歌的玩具。你想想，凌晨两点钟，万籁俱寂时，你摸黑上厕所正走到半道，黑暗中突然有个东西幽幽地来一句"给我唱首好听的歌曲吧"，或者"你给我梳头好舒服哦"，你难道不会吓得魂飞魄散甚至小便失禁？就算是白天的时候，会发出声音的玩具也是种精神折磨，想象一下两个小时内听玩具重复同一句歌词的感受吧，你除了想把那个会出声的破玩意扔出去，不会再有其他想法。如果，你的哪个朋友出于好意，给你家孩子买个这样的玩具那也别绝望，等孩子不在身边的时候，把电池卸了吧。等你家孩子发现玩具不会说话唱歌了，就会来找你想办法，你就摇摇头，装作一副同样搞不清状况的无辜样子。然后等熊孩子对这个"坏了的"玩具失去兴趣后，你就偷偷把它捐出去。

雇个电子保姆

如果你家孩子起得比鸡都早，而你依然困得神志不清，那就塞个平板电脑给他（她），你就可以躺沙发上睡回笼觉了。不过，千万不要下载那种要你手把手教孩子玩的游戏，生活已然足够艰苦了，不要让自己再不痛快。也别下载看起来免费可玩到一半又要内部购买的游戏，脑筋正常的人谁会花20块钱买个给水果涂颜色的游戏？但睡眼蒙胧的你，说不定真的会去买。

但要注意，孩子用平板电脑的时间一天不能超过一个小时，省得影响孩子的智力和视力，虽然这位电子保姆通常很奏效，但你毕竟是亲妈。再说了，熊孩子一旦迷上游戏，肯定会霸着你的平板电脑不撒手，你还怎么在蹲马桶的时候刷肥皂剧？

为了把手机／平板电脑拿回来可以撒的谎：

★ "手机/平板电脑要睡觉觉啦。"熊孩子不知道手机/平板电脑不是活的。用空盒子做一张床，把手机/平板电脑放进去，盖上一张纸巾当被子。关灯关门，把手指放嘴边说"嘘……手机睡觉觉了！"熊孩子十有八九都会相信。

★ "手机/平板电脑要充电了。"熊孩子喜欢把你的手机/平板电脑用到关机才还给你，而你也许正等一个重要的电话进来或是有工作邮件要处理呢。你得时不时把手机/平板电脑抢回来，放在高高的柜上，告诉熊孩子，手机/平板电脑可能要充电，他（她）没办法接着用了。

★ "手机/平板电脑坏了。"熊孩子知道坏了是什么意思，因为他（她）们最喜欢的事就是把东西搞坏。

★ "手机/平板电脑不见了。"如果熊孩子想玩你的手机/平板电脑，你又不想让他（她）玩，就说你找不到了，要说得煞有介事，真得就差报警了。

温馨提醒：给平板电脑配个保护套，那是必须的。不要买那种带动物图案的可爱套子，就买那种特种部队用的套子——刮台风都有信号、从飞机上摔下来都没事的那种。如果没有配保护套，你家

孩子一个游戏玩不爽，就会一股子无名火上头，然后把几千块钱买来的平板电脑砸个稀烂。

灵活利用网络

你家熊孩子人生的第一次"手工"，就是在你分娩的时候发生的，他（她）手撕亲妈，硬生生给自己撕出一条通向外面世界的血路。等你忘记了分娩时的那种疼痛，你的孩子也真的到了拿起手工剪刀和彩纸做手工的年纪了。虽然科学研究并不能证明做手工可以提高智商，但是，你肯定还是会去尝试——因为幼儿园留的作业总要做，况且，别人的首页都有自家孩子做出的各种奇怪物品，你不晒晒，怎么好意思和人家打招呼。

如果你热衷手工的话，就上网搜"简易儿童手工"，会有人告诉你怎么用面团捏出火鸡，视频清晰，步骤清楚。不过，你家孩子最后往往因为捏出的作品不成样子，便恼羞成怒哇哇大哭，又或者因为边捏边吃，最后面团所剩无几。不过好歹你拍了照，等他（她）长大以后怪你从来没有陪他（她）做过什么事的时候，就拿出来对证。

如果你的手工做得很烂，那你还是不要挑战这种事情了，事实上，简易手工一点也不简易。很多教父母怎么和孩子一起做手工的教程，其最终作用都是让你家孩子大哭一通，顺便将你的自尊心踩得稀巴烂，你会觉得自己一无是处，怎能连个小孩子的手工都搞不定。而看看网上那些达人——把卧室的墙壁涂出波浪条纹的图案啦，

106

三好父母

"各种研究表明，两岁以下的孩子不宜看电视，注意力会不集中；所以我一般不让孩子看电视，而是带他（她）出去观察天上的云。"

回复："我家孩子也喜欢云，云空间，因为动画片都存里头呢。反正他（她）注意力就没集中过：吃饭要玩玩具，玩玩具要听故事，听故事要吃东西，一天到晚各种名堂。我的解决方法就是在他（她）闹得不行的时候，让他（她）看电视，所以，请你闭嘴，谢谢。"

把熊孩子的午餐做出卡通人物的模样啦，制作可以产生各种效果的玩具桌啦。你自己说，刨除手艺高低不说，你真的有那闲工夫弄这些花样吗？再瞧瞧那些堆满草莓块、蓝莓、饼干和奶酪的什锦点心盘。我们都承认这点心盘确实好看，可好看归好看，谁也不敢保证你家那位熊孩子因为它们好看就能手下留情，不会一爪子就给你整盘掀到地上去，你除了后悔自己当初避孕失败，不会再有别的想法。还有什么在后院拖根水管拿块抹布悠闲地洗车，头发一丝不乱地做着健身餐更得意的事情了，很多人都希望你又是超级妈妈，还是赚钱机器，顺便兼任潮流达人，你什么都得是，但就不能是个成天做

牛做马累得要死、心烦气躁只想着孩子能安分几分钟就谢天谢地谢祖宗的普通孩子妈。

一言以蔽之，手工没大家想得那么高端大气上档次，带熊孩子做手工是幼儿园老师的工作，所以就让专业的人做专业的事吧，别费那个心了。

参加幼儿游戏小组

如果你住的地方基本上接触不到其他家长，那就加入一个幼儿游戏小组，那样你就可以找到和你一样带娃带得快要疯掉的战友了。虽然幼儿游戏小组也有规矩要遵守，不过来了这里，你就不用整天和熊孩子在家里大眼瞪小眼，所以偶尔带一碟店里买的小松饼去会一会同道中人，还是很值得的。

交个朋友

小朋友聚会其实不是为了给孩子找伴儿，主要是为了孩子的妈互相倒倒苦水，顺便还可以小酌一杯。孩子小的时候，你需要和别的宝妈相互扶持，才能挺过煎熬的岁月而不至于得失心疯。但是有一点要慎重，最好交几个懒散淡定、遇事泰然的宝妈做朋友。怎么找？就那种穿着邋遢不讲究，孩子满脸都是冰激凌印子，并且说话粗声大气的宝妈就对了。

小朋友聚会聊天开场白

带孩子久了，是不是发现自己人际交往能力已经被冻结了？没事，随身带着这份闲聊话题清单，你就可以左右逢源广交朋友啦：

1. 你家这几个孩子，你最喜欢老几啊？

2. 如果让你演《人皮客栈》，你会最想把婆家的谁先"消耗"掉？

3. 你最早带孩子去麦当劳吃东西是几点钟啊？

4. 我觉得《冰雪奇缘》里的艾莎公主挺讨厌的，你觉得呢？

5. 你内衣几天没换了？

6. 你家孩子有没有哪个是意外怀上的？

7. 你信用卡有欠债吗？欠了多少钱？

8. 你有过几个炮友？

9. 你可以帮我代孕吗？

10. 你最喜欢什么国家的人？

11. 伤口结痂以后你会不会老喜欢去抠那个痂？

12. 你给孩子换完尿裤以后会不会洗手？

13. 什么东西你一吃就停不下来了？

14. 你自己带孩子吗？

看看，有了这些话题，你简直就是宝妈圈子里的聊天大咖啊！

8

Nick O
Twept

熊孩子
过节指南

吃喝拉撒睡，外加玩耍，你自以为已经将熊孩子的一切都搞定了？呵呵，太天真！你会在某一天突然发现，事情还没完，你竟然忘了世界上还有"节日"这样的事情存在。

别以为过节这种事，只有你家那只熊孩子才会跳着脚欢呼，其实最该利用这些节日的恰恰是你。偶尔过个节调剂调剂，你带孩子的辛劳才能有所补偿。并且在节日期间，你会重温你当初生孩子的初衷：终于可以拍各种喜庆的照片了，欧耶。

下面，我们就教你怎么过一个全家老小都喜闻乐见的节日吧。

万圣节

万圣节这个神奇的夜晚，你可以把熊孩子装扮得要多傻有多傻，然后带他（她）在市区展览一圈，这是你的权利。

1. 教你家孩子用最最可爱的声音说"不给糖就捣蛋"。一定要让他（她）带着些大舌头发音，熊孩子吐字不清的萌样能让他（她）比别的孩子多挣20%的糖果，这样你在大晚上看《深夜秀》时可吃的零食就更多了。

2. 花钱买套可爱的服饰，如小鸡、小狗之类的动物。千万别买什么乐队成员、食物和僵尸之类的"潮人时尚"服饰。现在可不是哗众取宠的时候，而是不劳而获的时候。孩子越可爱，要到的糖就越多。

3. 下午五点半左右再出家门。去太早了人家舍不得多给糖，因

为要留着后面用。

4. 别去商场，挨家挨户去要糖就行了。如果你住在穷街陌巷，就开车去一个富丽堂皇的高档小区。你就找那种有气派的草坪、雕塑和喷泉的地方，那样的人家出手大方，士力架、巧克力、能量棒会整包整包地给，所以说虽然舍近求远，但是走点远路还是值得的。

5. 带上一个10加仑的大桶、婴儿浴盆或超大号垃圾袋，不过就放在车上别拿出来。待会儿再解释为什么。

6. 开始要糖。记住要让孩子嗲声嗲气地说"不给糖就捣蛋"，还要记得说"谢谢"。你呢，就站在他（她）身后微笑，好像很爱孩子的样子。

7. 等你随身带的糖果袋已经装得半满了，就回到车上把糖倒进你的"垃圾"袋或婴儿浴盆，然后继续到下一家要糖，一直要到你家孩子走不动了。歇一会儿，让孩子吃五六颗糖补充补充能量，接

着再跑六七个小区。

8. 托你家小可爱的福，用不了几个小时，你车子后备厢就攒了一大袋的糖果。所以说，熊孩子也并非百无一用啊。

感恩节

感恩节嘛，就是感恩的节日喽。你最该感恩的就是，这一天还没到中午就可以毫无顾忌地开始喝酒了，全年也就这么一天。感恩节大餐一般有火鸡、土豆泥、肉汁、一碗红分分看起来像血块的蔓越莓甜品、青豆砂锅菜、红薯和火鸡馅料。运气好的话，你家孩子会把面包卷外面裹的黄油给吃了；如果他（她）刚好在长身体突然感觉特别饿，大概还会吃些南瓜饼皮，很有可能还会再要个华夫饼吃。如果你辛辛苦苦做了这顿饭，而你家孩子一点儿都不爱吃，你也别郁闷，你还可以发到网上啊。然后，你就好好享受全家聚餐的温馨感觉吧，然后祈祷你家熊孩子别把你这一年背地里说亲戚的坏话给抖搂出来就行了。

圣诞节

圣诞节，你真的不用挖空心思给孩子买什么贵重的礼物，就把他（她）原有的东西挑几样包装起来，他（她）也会欢天喜地的，因为熊孩子最喜欢拆东西，这样有搞破坏的快感。拿个塑料杯、生牛皮鞭、勺子、一拉链袋的叶子、一夸脱的牛奶之类的，随便什么都行，然后用包装纸包起来。所以说，你根本不用花钱特意为孩子准备圣诞礼物，因为他（她）反正都不在乎。

圣诞节最大的好处就是可以用圣诞老人来威胁他（她）。如果你说得够逼真，圣诞老人的形象就是狙击手和国家安全局的化身：时刻都在监视着他（她）的一举一动，而且随时都会采取行动。要让熊孩子明白，如果他（她）不乖，圣诞老人就会毫不留情地把准备给他（她）的礼物烧掉。

再来说说圣诞小精灵吧，很多人喜欢买一个这种精灵娃娃放在书架上，用来控制熊孩子的行为。不过如果你家孩子一点都不怕你，你还指望他（她）对这个圣诞小卧底有什么忌惮吗？再者，身为孩子的家长，自己都经常忘记每天要刷牙，估计更记不住每天早上要给这个木制娃娃变换位置了。你干脆就偷个懒，如果真要买个精灵娃娃回家，就跟孩子说，他（她）表现不好的时候娃娃才会换位置。如果他（她）不听话，精灵就会跑进他（她）的卧室看着他（她）睡觉。他（她）一害怕，也许就会言听计从了。

光明节

光明节期间，一连八个晚上都要有礼物，乍一想好像没什么，不过你得明白，熊孩子总以为什么事情如果发生了两次，就会无休无止地继续下去。由此可以推算出，第九个晚上你家势必会闹翻了天。当

你家孩子发现礼物和果酱甜甜圈居然不是每天都有时，就会大惊失色，恼怒不已。你一年到头在熊孩子身上花的钱已经不计其数了，所以这次就适当敷衍一些吧。可以考虑靠平均分配一份礼物撑过整个假期。

光明节礼物备选：

★ 一盒八支装的蜡笔，每晚一支。

★ 一盒八十条装的纸尿裤，每晚十条。

★ 一盒八根装的杂粮棒。

★ 八片独立包装的创可贴。

★ 四双袜子，每晚一只。

重要注意事项：虽然房子着火可以让平时难得一见的小区居民蜂拥而来汇聚一堂，不过这聚会的代价也太大了。所以说，如果家里有个熊孩子，光明节烛台就改用电烛台吧。

生 日

虽然生日聚会熊孩子很可能会从头哭到尾，不过估计你还是会想给他（她）办一下。生日聚会不用奢华，不过也别太简单，省得客人们觉得自己送礼物送亏了。准备些热狗、水果、蔬菜沙拉、汉堡包和一个店里买来的蛋糕就够了。开几大袋薯片，倒进塑料碗里。再买些一次性杯子、盘子和纸巾供大家用。糖果呢，直接往孩子堆里撒就好了。别管人家晒的生日聚会多么光彩夺目，热闹非凡，不过一个生日聚会而已，又不是婚礼。一个小孩子家，生日聚会何必兴师动众，不过，你也确实应该庆祝一下，因为他（她）每长大一岁，就意味着你终于又熬过了一年，离脱离苦海又近了一步。

给别人家小孩送生日礼物：

恭喜你，有人请你参加孩子的生日聚会！虽然我知道你宁愿手里拿杯葡萄酒、穿着内裤坐在沙发上度过这一天也懒得出门，可要是你不去，请你的小孩家长会默默地恨你一辈子。所以，赶紧套上衣服、拎着熊孩子出门去吧，别忘了带上礼物。

如果你给朋友的孩子送了一个放在地上推的那种"爆米花机"推车，听起来像飞车射击一样吵死人的那种，你这可是成心跟人家过不去。这位家长朋友会静静地等待，等你家熊孩子过生日的时候，再报这一箭之仇。他会给你的孩子也买一些讨厌无比的玩具，像卡佐佐玩具笛子或含咖啡因的棒棒糖之类的。所以，还是别互相伤害了，这样冤冤相报对谁都没好处。

也别送彩色颜料，除非你回头在自己家里也要办画画派对。千万不要送孩子什么面团彩泥玩具，否则回头要从玩具、地毯和木地板的缝隙里往外抠塞在里头的干盐面团，会活活气死人。彩虹织机等不适合这个年龄玩的礼物，也会被人丢进炉子里烧掉。

如果你不懂得怎么买玩具，那就送些别的吧，实在不行超级大包的薯片都行，反正现在每家的熊孩子早就玩具堆积成山了，不缺你这一个。

9

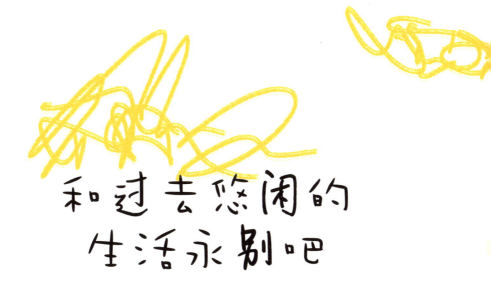

和过去悠闲的
生活永别吧

好了，我知道，熊孩子的衣食住行、娱乐节庆早已经让你愁到生理期错乱，但没关系，我以一个资深熊孩子家长兼民间育儿达人的身份告诉你——反正你早晚会习惯的。你的生活，会随着熊孩子的到来，而瞬间进入混乱模式，连个缓冲都没有。下面，我就将和你一起回顾一下，你的生活是如何一点点被熊孩子搞到彻底失控的。

曾经，你的生活是这样的：每天早晨醒来，你都幸福地搂着被子，赖床赖到心满意足才起床。起床后，要么在家悠闲地喝一杯咖啡，要么慢悠悠地走到新开的一家新潮的早午餐馆，尝一尝耳闻已久的脱脂奶华夫饼。到了晚上，约上三五好友，一起喝酒谈笑，优哉游哉。那时候你还没有孩子。除了房租和基本生活用品，每月的收入还剩一大半可以随心使用。然而成为人母之后，这种悠闲又富裕的生活，一去不复返了。

养个熊孩子的代价

要论物质的东西，熊孩子并不需要太多，可是养个孩子还是要花很多钱。这些钱主要是用来给熊孩子报各种兴趣班，好让他（她）在捣乱之余，还有别的事情可做。除此之外，你还要花钱买拉拉裤，这种尿裤一条就得18美元。为什么这么贵？因为拉拉裤会给父母们造成一种"穿上它，自己的孩子大小便就会自理"的错觉，而实际上，这还差着十万八千里呢。

然后，你还要花一大堆钱买各种玩具：占用了一大片草坪的、需要一片片组装起来的室外游戏屋，迷你跷跷板，价值五千美金的后院秋千架，游戏桌，还有无数闪闪发光、熠熠生辉的玩具。你干吗要买这些玩具？因为你巴望着能买到一个熊孩子钟爱的玩具，可以让他（她）爱不释手、沉迷其中，这样你好清静个 15 分钟。

每买一个玩具，你都是在赌博，希望能换得片刻安宁，所以玩具就和彩票一样，虽然你知道中奖机会很渺茫，可是还是不甘心地一次次去试运气。

养个熊孩子的其他花费

★ 成人饮料。

★ 在线视频网站会员（偶尔放松用）。

★ 抗抑郁药。

★ 幼儿园/托儿所。

★ 更换破损的电子产品/手机。

★ 清洁用品。

★ 修补皮沙发的裂缝和缺口。

★ 重铺家里的地毯。

★ 每月的洗车费。

★ 护理不断脱落的头发。

另外，你叫外卖也要花费很大一部分收入。但叫外卖的好处是，虽然孩子一样都不肯好好吃，不过鉴于饭菜不是你煮的，你的心里会好受一些："噢，这不赖我，一定是餐厅做得太难吃，嗯，一定是这

样。"再者，午夜时分也绝对不是煮饭的理想时间。这时你的能量处于极低值，而你家熊孩子却处于极熊值，他（她）会在你煮饭的全程中玩命抱着你的大腿，哼哼唧唧不停耍赖。不如点些快餐来得省事，什么垃圾食品，能让你不至于猝死在厨房才是正经事。

所以说，熊孩子都很贵。

你的家被毁得惨不忍睹

熊孩子没有一丝一毫的自我保护意识，他（她）们乐此不疲地爬来爬去、跳上跳下，把整个家当成乞力马扎罗山，用自己的身体丈量家中的一切。他（她）们会想吃硬币，拿叉子去叉插座，从餐桌上滑翔而下。你醒着的每一秒钟，都得盯紧他（她）们，以防止他（她）们的灵魂不小心跑出身体，所以，收拾屋子？根本想都别想。

即使你抽空将屋子打扫干净，熊孩子也有本事在几秒钟内将它弄得一团糟，因为整洁有序的环境，与熊孩子的天然本性是格格不入的，整洁会让他（她）们觉得不舒服。于是，你家将会出现这样的场景：你追着熊孩子收拾屋子，而熊孩子追着你使劲破坏。你当然可以请保姆，然而除非你家保姆 24 小时在不停地收拾，不然你的钱也是白花，你与熊孩子的每一次清洁大战，你都不会赢。

有了熊孩子的家通常都是什么样呢？家里四处都是塑料垃圾、麦片、不成双的袜子之类的东西，跟龙卷风肆虐过后的受灾现场一模一样。孩子小的时候，你大可以忘记世界上还有"窗明几净""一

尘不染"这样的词存在，你的第一任务是保证熊孩子好好活着，同时你也要好好活着。至于家居环境，差不多就行了，床上的面包屑你也要学会装作没看见，习惯就好了。

如果你家总有个地方堆满了衣物（占了沙发大约三分之一面积），你的婆婆可能会说："会持家的女人都会及时收拾衣服，不会随手乱堆。"别信她的，她当年做得没准还不如你。

家有熊孩子须知

★ 吸尘器就放在外面好了，不用费劲收起来，反正随时要用。

★ 家里不要放任何玻璃制品，包括茶几、桌子和幕墙，玻璃杯也全

都要藏好了。

★ 不要买布艺沙发，否则熊孩子只要在上面尿上一次，你就会明白了，那味道一旦进入厚厚的垫子里，就会经久不散。不要铺地毯，熊孩子会在里面种花的，铺木地板就好了。

★ 家具什么都不要有尖角，如果有，就用防撞角包一下，虽然说孩子总会磕磕碰碰，但是我相信你肯定不想要个带眼罩的孩子。

★ 买一堆纸巾把各种小缝隙都塞严实了，然后再囤个六大箱以备用。熊孩子总是对各种小孔小洞充满好奇，然后用自己的手指去尝试，最后哭着来求助。

★ 准备一大桶通用清洁剂，多多益善。

★ 消毒湿巾，大有用处。

★ 改掉光脚踩在地板上的习惯，因为你家的地板将从此布满各种碎屑，如果你不想受伤，就记得给你和熊孩子穿袜子和拖鞋。

★ 学着爱上水槽里锅碗瓢盆堆积如山的画面，洗碗的时候唱《锅碗瓢盆好欢乐》，可能会让你抑制住想摔盘子的冲动。

★ 学着把玩具成堆的客厅看成是日落一样美丽的风景。既然傍晚已经来了，这一天也就快过去了，笑着活下去。

儿童房布置

熊孩子都喜欢有自己的房间，这样他们就感觉自己可以真的"称霸一方"了。如果你家能为熊孩子提供单独的儿童房，那最好就按照《海底总动员》或者其他他（她）喜欢的动画片打扮这个房间。

"不是谁家有了孩子家里都会变成垃圾堆的。我家就很整洁有序，因为我有心持家啊，不像你，丢人。"

回复："你家整洁有序，是因为你就算撇下孩子不管也要在社交平台上集赞，还有脸炫耀！"

三好父母

如果你思想新潮，或者是个时尚博主，就照着后院挂的喷了金粉镶了框的世界名胜古迹照片，手绘几张画，贴在房间墙上做装饰，再用烂得空了心的橡树做一张床，在网上好好直播一下你的丰功伟绩。不过你心里得明白，这间儿童房主要功能是给熊孩子关禁闭用的。

身体代价

除了半夜为了消愁解恨猛吃外卖和自制果酒导致体重飙升之外，带熊孩子还会造成其他健康问题。

头发

宝妈们，怀孕期间你的头发会变得浓密而有光泽，等孩子一出

生，头发就开始掉了，让你以为自己基因突变成了一个谢顶的中年男人。等孩子长到两岁，你的头发会掉得更厉害，因为你担心自己的生活会一直这么生无可恋，并充满压力和忧虑，所以这时，白头发也会冒出来凑热闹，再加上熊孩子都不喜欢自己的爸妈去洗澡，更别提护理头发了，所以你的发质会更加脆弱不堪。你家孩子一岁到四岁期间，你的发型大概就是毫无规则的一头乱草，具体样式视前一晚睡姿而定，而在孩子眼中，你和一把穿着瑜伽裤的人形扫把没有什么区别。

皮肤

因为熊孩子在喝母乳期间，榨干了你的乳液和能量，你的皮肤会呈现年久失修的状态，干燥无比。而此后，又因为你吃的都是精制白糖和熊孩子的饭菜残渣，喝的都是咖啡、酒之类的饮料，你的身体会很缺乏维生素。再加上夜半哭泣流泪，盐分腐蚀皮肤，你的皮肤就跟夏天的撒哈拉沙漠一样：干燥、脱皮，颜色灰黄。至少得有三年的时间，你的样子都跟迪士尼里的女巫一样灰头土脸，让人不忍直视。当然，敷上白面一样的粉底可以遮遮瑕，可你又不是那种生活阔绰、请了三个保姆的富贵主妇，谁有时间化妆打扮啊？

指甲

你的指甲会让你看上去，像是以盗墓为生的人，但这极其正常并合理，因为和熊孩子生活在一起，本质上和盗墓没有什么两样，你需要在偌大的衣服堆中挖上半天，找出要穿的那一件，并且穿越玩具的丛林到达厨房，一路上小心熊孩子制作的各种机关，想想看，盗墓者还真未必有你过得这般辛苦刺激。

衣服

谁是熊孩子的妈，一眼就能认出来，因为虽然你根本没时间去运动，却总是一副运动打扮。带熊孩子一定要穿舒服的运动服，因为漫漫长日是你和熊孩子斗智斗勇的马拉松，穿得舒服有利于你的发挥。你也没心思天天换花样，所以买两条黑色瑜伽裤就够了，如果一条穿久了你家老公嫌你味道不佳，那就换上另外一条。

鞋子

就穿平底鞋，想都不用想。脑袋被门缝挤过的人才会在带熊孩子的时候穿高跟鞋，因为熊孩子随时会像闪电侠一样跑起来，你穿高跟鞋追着看。如果你上班需要穿高跟皮鞋，就随身带一双运动鞋，随时换上。熊孩子可会审时度势了，看你穿了高跟鞋行动不便，就会利用这一点对付你。

全身卫生

带熊孩子的日子，是你最不讲究个人卫生的时候，因为你每天基本上倒头就睡，根本没时间清洁自己，连换衣服都常忘记。你身上会散发出一股医疗垃圾的气味，像放了一个月的帕尔玛干酪混合着散发屎尿味道的奶酪乳脂。有时候风向一变，你会闻到自己身上的味道，心里还琢磨："这附近有只死老鼠吗？哦，不对，是我身上的味道。"

10

你那几乎为零
的性生活

管教熊孩子，
不要靠太近

如果你家有个熊孩子，估计现在不想再要一个了。 又或者，你想再要一个也没关系，反正痛的累的是你。其实，除了吃避孕药或戴避孕套，自然界也有其他办法可以让你在这个艰难时期怀不上孩子。下面这部分内容，你可以拿给你的另一半看看，估计对方一定能心领神会，知道自己应该怎么办了，但注意，要做得自然一些，比如假装无意把这本书放在对方枕头上，将页码固定到这页，并在下面这些文字上标红。

"爸爸下班就隐身"法

如果你是熊孩子的爸爸，当你妻子在厨房里忙晚饭，孩子坐她脚边哭时，你要在一回家后就躲进洗手间或车库。这避孕法十分彻底，你们俩每天最多也就打个照面，哪有时间过夫妻生活？！你的生活里唯一规律的事，就是日出日落了。哦，你说只是想享受一下独处时光？别忘了你的妻子已经基本告别独处时光了！所以，在她发飙前，你赶紧上个厕所，再洗个手，换身衣服赶紧去帮忙带孩子！如果你还想踏进这个家门，就识相一些，回家该干吗干吗。如果你坚持认为自己在外上班回家就不用帮忙带孩子了，那你就干脆别上桌吃饭了。

"全职爸爸精神已然崩溃"法

身为爸爸，在家全职带娃可不容易，估计熊孩子已经把你的精神整垮了。你会忍不住经常带娃去公园，想和其他成人交流交流，但是一旦涉及敏感话题，其他妈妈和保姆就总是拿你当变态看，而其实，你只是想确认自己还活在一个正常的世界中。如果你跟我认识的那些全职带娃的爸爸一样，你的性趣这会儿已经跟变味的金鱼饼干一样，被丢到地毯上碾得粉碎了，一丝一毫都不想再造一个娃了。运气好的话，你兴许还能碰上个把同样全职带娃的宝爸，两个人惺惺相惜，抱团取暖吧。要不就开个博客，反正晚上你也没有性致，不如好好抒发一下你带娃的心得感悟。

"职场妈妈生无可恋"法

如果你是个熊孩子的妈，而且还得上班，白天工作的时候，你可能会想熊孩子想得不行。可一天下来，你伺候完刚愎自用、颐指气使的鬼上司，对付完成事不足败事有余的烂同事，回到家后就会发现，自己真没有余力再去逼一个乳臭未干的小家伙吃西兰花了，这是大实话。出门上班，进门带娃（有人还要对你没有全心带娃而冷嘲热讽），左右夹击，顾此失彼，你天天都累成一滩烂泥，排卵自动就停了。

"全职妈妈臭不可当"法

因为一个星期都没洗澡，你身上散发出一股恶臭，你家那位估计早被熏得退避三舍，碰都不想碰你。好吧，反正熊孩子从早到晚在你身上爬上爬下，晚上你也没有心情一品鱼水之欢。

克服阻挡夫妻生活的障碍

如果你虽然要带孩子，但晚上确实还想和对方温存一番，记住有几个障碍需要克服。

障碍一：体味

关于这个问题，我想跟 Febreze 空气清新剂的研发人员商量一下。你们怎么还没研发出一种能让女性私处闻起来像野花一般芳香的喷雾呢？你看，你们的清新剂都可以把垃圾堆一样的屋子喷出干净的气

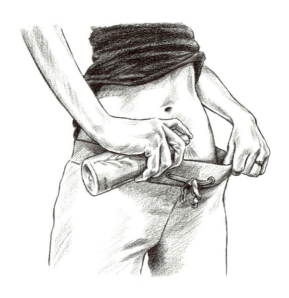

息，多好啊，现在该为孩子的家长造造福啦，为我们设计一种"一喷即香、胜似洗澡"的香体喷雾吧。这广告词你们可以拿去用。

因为没有时间也没心思洗澡，孩子的妈（也可能是爸）或许私处已经像地下酒吧一样，藏污纳垢，有着一股不可描述的味道。夫妻同房的时候，这味道实在大煞风景，不利于制造性感撩人的氛围。

解决方法：滚床单的时候把窗户开着，然后再点根含有植物精油的蜡烛，假装营造气氛，实则遮盖味道。

障碍二：疲劳

从早到晚，你得把熊孩子塞进嘴里的硬币往外掏，把他（她）不肯吃的午餐倒进垃圾桶，此外还有无数次喝水上厕所和找玩具，一来二去你早已累趴下了，晚上实在不想再去做体力劳动。再者，白天熊孩子在你身上爬上爬下，拉你的手、扯你的胳膊，吃晚饭的时候坐你怀里扭来扭去，你的身体已经变得不再敏感，只想一个人清清静静地睡觉，甚至都不想听到有人在你枕头边喘气。而上班的那个也好不到哪里去，如果你白天出外上班跟各色人等打完交道，回到家又照例是一片吵吵嚷嚷，还得陪熊孩子做睡前功课，到最后累得连脱内衣的力气都没有了。

解决办法：靠自己吧……开玩笑，除了强打精神，这问题根本没有其他解决途径。

障碍三：熊孩子电灯泡

熊孩子如果发现你跟除了他（她）以外的人好，就会怀恨在心。他

管教熊孩子，
不要靠太近

三 好 父 母

"我跟老公还恩爱得很呢，你真可怜
啊！跟老公缠绵是我最享受的事情了。"

回复："你母亲昨天也是这么说的。"

（她）们是阻止弟弟妹妹出生的专家。你可能已经发现了吧？有时候你
正性趣盎然，好不容易哄你家老公把衣服都脱了，结果原本已经睡着了
的熊孩子突然就醒了，发出高八度海豚音般的哭叫。

解决办法： 把婴儿监视器关了，这样孩子哭了也听不到。不过
这个办法有可能适得其反，所以要慎用。如果你家熊孩子和你睡同
一张床，那你没办法，只能两个人溜到客厅或者后院去野战。希望
你们家的篱笆够高，别让人看见。

如果你家孩子睡的是有栅栏的儿童床，醒了也爬不出来，而你
铁了心要把爱爱进行到底，那你好自为之吧。提醒你记得给门上好
锁啊，别两个人正激情澎湃，结果一抬头看见一个小不点站在旁边
好奇地看着你们，那可就尴尬了。熊孩子看在眼里记在心上，第二
天会绘声绘色地跟幼儿园老师描述前一天晚上的见闻的。

134

障碍四：电视

不管是网络电视还是有线电视，节目都五花八门，应有尽有，你可以借着看电视放空脑袋，暂时忘掉自己已经失去生活的热情。一边盯着屏幕一边往嘴里使劲塞爆米花，比和另一半营造浪漫时刻容易得多。不过，别因为看电视冷落了你家那位，电视虽好看，你家那位才是你心神之所在啊。

解决办法：一心两用。你对电视节目情有独钟，对你另一半也要一往情深。打开卧室的电视，调到你最喜欢的频道，把声音调大。摆个可以正对着电视或者至少可以用余光看到电视的性感姿势。如果你的另一半想看别的节目，你就在床上再摆个笔记本电脑或者可以支起来的平板电脑，放个他喜欢的节目给他看。为了避免两个人看的节目互相干扰，给看电脑的那一位配一双耳塞。

完美。

11

別做熊父母

当着熊孩子，
不要靠太近

　　之前说了那么多，一直在数落熊孩子的各种不是，然而，**熊孩子和熊父母通常是共存的，如果说孩子的问题，却不谈谈熊父母，那确实有点不公平**。毕竟，熊孩子再不好，他（她）身上的种种缺点也并非空穴来风，他（她）们正在学习期，学习怎么长大成人，而如果你恰巧就是个熊父母，那一切只能说是你自作自受，全怪你。

　　世界上的熊孩子各有各的熊样，而熊父母的类型，则大致可分为五种，如果你是其中之一，那我会很婉转地告诉你，我们都很烦你。也许你认为你是有朋友的，但其实，你有的只是观众而已。没有人会当面得罪你，但背地里，却都觉得你很渣，跟你来往不过是为了方便看你的笑话，或许还因为你家孩子和我们孩子可能玩得来罢了。

　　如果你不想做个讨人厌的成年人，或者不想你家孩子将来也成个熊大人，继续教育出一窝窝的熊孩子，那你就赶紧好好反省，改过自新吧，趁现在还来得及。

过于争强好胜的父母

　　如果你的网络动态全都是在炫耀（无论你自以为做得多低调，大家也都能看出来的），那你估计是个过于争强好胜的熊父母。你总觉得自己胜人一筹（"哦，你家孩子终于会说话啦？我家孩子刚看完了《战争与和平》"）。拜托，差不多得了，那些让你扬扬得意的事，不过是你脆弱自我的延续，因为不自信，才会凡事都想争个高下。

什么谁家孩子吃的东西最健康啦，谁家孩子上的学校最牛啦，谁家孩子最搞笑啦，谁家孩子最可爱啦，谁家孩子从娘胎里出来最迅速啦，甚至连出生时裹在身上的胎膜多少都要比较一番，整天比对这些无聊的事情，并因此黯然伤神或沾沾自喜，你真的没有别的事情做了吗？或者说，你和你孩子存在的意义，就是碾压其他人？如果你家孩子不得不天天为了父母的争强好胜而活，那你还真是垃圾父母一个。

　　什么？你说我太刻薄，可我真的就是这么认为的。

草木皆兵的父母

我们得承认，这个世界确实不很太平，放下打仗和犯罪这样的大事不说，即使是衣食住行这些小事，也会隔三差五蹦出些爆炸性新闻——这种食品某元素含量超标，那所学校老师学历造假。但尽管如此，不代表我们一定就得紧跟你的步伐，听从你的忠告，去吃你认为最好的东西，或者去做你认为正确的事。你说疫苗就是消毒水，配方奶简直就是洪水猛兽，上私立学校的孩子将来只配送快递，

用塑料瓶喝水会让孩子得眼病……为了证明你有多正确，你还找来各种和你论点相似的文章。

按理说，有个人可以这么苦口婆心地告诉我们是非对错，我们应该感激涕零才对，但我们应该感谢你什么呢？感谢你那些偏执的观点？还是感谢你对我们不同观点的抨击？还是感谢你觉得我们简直是毒害孩子的罪魁祸首？

我们知道，你说的话多少都有点道理，但是何必把正常的生活搞得如同教科书一样，有一点没遵守就觉得宇宙即将崩塌。你越是这样，我们越是厌烦，而你说的所有话，都会被当成耳旁风，如果你还执拗地认为，我们都得按照你说的那些"真理"生活，那你还真是个如假包换的熊父母。我们可以堵上耳朵不听，或者是关上门不见你，但是你的孩子却不得不在神经兮兮并有强迫症的父母身边生活，长大后他（她）会成为什么样子，可想而知。

虚伪的完美父母

如果你每次往网络上发布照片，哪怕只是一张最普通的家庭照，都要用三种滤镜、调五遍颜色，那你就属于虚伪的完美父母。你家三岁娃的乳牙已经够白啦，皮肤也是吹弹可破的嫩滑，我做梦都想自己的脸能像三岁孩子的屁股一样细滑，但你却认为："不行，还得再美白一下。"我也真是无语。

我猜，你平时大概也很喜欢秀自己的手工，晒营养均衡的四菜

一汤，干净整洁的客厅或是美轮美奂的度假照片，好让别人知道你的生活时时刻刻都精彩无比。你家孩子的定制衣柜比你家的车子还贵，你手机里的美图软件比你会做的菜都多。总而言之，你每天都在努力做出"我幸福得不得了"的姿态，还强迫孩子和家人配合你，一旦熊孩子不听话，你最先想到的是"完了，今天又拍不成好看的照片了"，而你最爱用的照片标签，也许真的就是"幸福感爆棚"。

"一点都不费劲"父母

这种父母最能引起公愤了。

如果你的座右铭是"这个没什么啊"，口头禅是"这个我也不清

142

楚"，还有"我还真是没怎么注意"，那你就是这个类型的熊父母。

老天有时候是偏心的，会格外垂青你，让你家孩子非常乖巧懂事，爱吃青菜，晚上睡整觉，对人有礼貌（虽然我们知道你们根本没教他（她）怎么待人接物）。大家夸孩子乖巧，你却貌似波澜不惊、内心早已乐翻天地来他一句"他（她）生来就这么乖啊，没办法！""我从来都没有管过他（她）的，他（她）就是这么让人省心"。

你这样说话，很容易挨揍的，知道吗？

每次跟你这样的熊父母交谈后，我们不但没有获得任何有价值的育儿心得，反而生了一肚子闷气，回头再看看自家孩子，这家伙正蹲在公园沙地里抓了一把沙子往嘴里送呢……于是只能告诉自己，

管教熊孩子，
不要靠太近

珍爱生命，远离你这样的熊父母，不然下一次说不准就会做出什么伤害你的事来。

觉得自家孩子超凡脱俗的父母

　　这样的父母深信自家孩子绝对不是凡夫俗子，而是天神下凡。

　　如果你逢人就总是滔滔不绝地夸耀自家孩子有多厉害，不管做什么事、说什么话都让人拍案称奇，跟普通孩子比起来岂止是聪明伶俐，那可是相当地出类拔萃……那你就是这样的熊父母。

孩子都有讨人喜欢的一面，即便是最熊的熊孩子，也有让人疼爱的时刻，不然我们早把他（她）扔出门了。但是，这不代表你家那一个就必须与众不同，在你眼里，他（她）或许各路神灵附身，集达·芬奇、莫扎特、马尔克斯于一体，随便干点什么就能让世界震惊，但是我们没有义务也要配合你的演出。

　　天知道每次和你聊天，你不出三句话就要拐到你家孩子身上时，我们有多烦，尤其是在你当着我家那只挂着鼻涕、平庸无奇的孩子的面吹嘘时，我们真的很想给你的嘴贴上胶带。

12

如何让熊孩子
听话（呵呵）

管教熊孩子，
不要靠太近

行了，我知道你在上一章，刚刚进行了一番自省，使劲回忆自己那些有着"熊父母"标记的时刻，或者是在心中将身边的那些熊父母痛扁了100多回。反省也好，解恨也罢，我们终究还是得回归到和熊孩子朝夕相处的生活中来，去应付熊孩子制造的各种挑战。

这一章，我们终于说到了一个所有熊孩子父母都最关心的问题——如何让家里那一个或几个熊孩子服帖听话。听起来很兴奋是不是？等了那么多章，终于看到了你最希望看到的东西，或许这也正是你买这本书的初衷。

下面，就请你凝聚精神，记住这一章里的每一个字。

首先我们要告诉你的是：熊孩子都不听话，想让他（她）变成天使宝宝，这是连最大胆的科幻片导演都不敢想的事，你就别想了。

好了好了，我知道你们很愤怒，感觉自己被耍了，但是请先放下手里的棒球棍，听我说完。

熊孩子都不听话，这件事无论你多么不愿意接受，也得接受，如果你还在跟这件事较劲，那纯属于自找不痛快。做父母最容易做的蠢事，就是和孩子吵架斗嘴，并且认为自己有办法把熊孩子体内的熊元素剔除殆尽，赢回一个完美乖宝宝。

你必须明白：孩子是孩子，你是你，即便你生了他（她）养了他（她），你们也不会因此融为一体。即使你认为孩子是你的命，在心理上也不能与他（她）靠得太近。太近了，你就会与他（她）一块哭一块笑，出现最为可怕的"交叉感染"——他（她）的情绪会影响你的情绪，你的情绪也会影响他（她）的情绪，结果就是，你和孩子就像是两个幼儿园小朋友，一言不合就弄得两个人都不愉快，然后又重归于好，之后再争吵……简直弱智到家了，但这确实是我们经常会做的事。当你不知不觉将自己的心智水平降低到他（她）的程度，成为他（她）的伙伴和朋友这样的角色时，也就很难成为一个引领者去引领孩子了。

若引导不成，便往往会朝着极端的方向演变，于是，当你不想和孩子平起平坐时，便摇身一变成了可怕的控制者。尤其是当熊孩子让你大为光火的时候，更会忍不住想控制他（她），这就是因为你与熊孩子靠得太近了，你急着让他（她）服从你，却难免用力过猛，没有了循循诱导的节奏和耐心。和情绪的"交叉感染"类似，控制这件事，也同样不只是单方面的。实际上，从你有了这个念头的那一刻起，你就已经被熊孩子控制了——控制欲会让你将自己的全部精力都投入到对方身上，丧失理智，全部心情全都依靠对方的反馈——上一次你这样犯蠢的时候，还是在青春期暗恋隔壁班的帅哥吧。

看来，不保持距离，被熊孩子逼疯是迟早的事。

想不疯，那要怎么办？

超级大咖爱因斯坦曾经说过这么一句话，我觉得挺有道理，和大家分享一下："同一个层面的问题，不可能在同一个层面解决，只有在高于它的层面才能解决。"翻译成家庭主妇的语言就是：熊孩子哭的时候，你绝不能跟着抹眼泪，熊孩子抽疯的时候，你也绝不能跟他（她）比赛谁更疯（你是成年人，即使这些比赛你都赢了，也不是什么脸上有光的事），你必须酷一些，给予熊孩子一个"神之俯视"，站在比他（她）更高的地方观察他（她），这样才能想出对策，就好像在迷宫里百转千回半天，也不如站在围墙上找出路更快一样。

所谓观察，谨记距离先行。无论你在实际操作中，是横向拉开距离（熊孩子不可理喻或是自己情绪快要爆发时，马上离熊孩子远点），还是纵向拉开距离（牢记自己是个成年人，不能和孩子处于一个水平，必须比他（她）冷静智慧），保持距离，是让你不被熊孩子牵着鼻子走的唯一途径。

所以，管教熊孩子，如果靠得太近，最终的结果是他（她）会伤着你，你也会伤着他（她），最终不欢而散，两败俱伤。而保持距离，则是我们给予自己和对方的最好保护。

我的经验告诉我，熊孩子除了自己要吃喝拉撒的内心独白，其他声音可以一概听不见。他（她）们在很多方面和参加比赛的小狗很像，只能通过奖励和惩罚来交流。为什么你虚张声势地吓唬他（她）根本没有效果？因为熊孩子的耳朵自带测谎仪，很清楚你什么时候在撒谎，并且无师自通就有了应对之策。

对于熊孩子，可以管教，而且应该管教，但是不要靠得太近，不要控制，不要将孩子视为自己的一部分。别跟熊孩子贴那么近，我说的不是身体，而是精神。后退几步，你才能看清楚熊孩子的全部样子，同时看清楚你自己："哎呀，那个张牙舞爪的妈妈真的是我吗？我竟然会为了孩子不吃豌豆就气得哭了一整天。""我脑子一定进了水，才会和一个四岁的孩子吵了一个小时的架，弱爆了。"

看，当你拉开点距离，才能看清熊孩子和你自己存在的问题，以及该在的位置。想管教好你家那个熊孩子，先让自己脱身你们之间的混战，并脱离因此造成的情绪起伏，然后是告诉自己，不要再采用下面这些自作聪明的傻办法了。

常见且无用的虚假恐吓

你："我要告诉你爸爸去。"

熊孩子："你才不会告诉他呢，你要上网吐槽倒是真的。你以为我真在乎你那些朋友怎么看我吗？等爸爸回家，你会把我扔给他，自己跑进厨房又吃又喝，完全忘了现在发生的事。"

你："你下次再这样，小心我揍你！"

熊孩子："你最多会去星巴克买超大杯的摩卡星冰可乐，外加三份浓缩咖啡，而因为你忙着喝咖啡消气，还是会给我买足有我脑袋那么大的巧克力饼干。这么好的事，我才不会放弃呢。"

你："你是不是想要我打电话给圣诞老人，说你表现不好，不给你礼物？"

熊孩子："我还正想要你给圣诞老人打电话呢。跟他说我的玩具都玩坏了，需要些新玩具。你骗不了我的，我知道不管我怎样圣诞老人都会来。你喜欢看我打开玩具时的惊喜表情，比我真的玩玩具还让你开心呢。"

看，熊孩子的智商比你想得高多了，你的谎话刚开了个头，他（她）们就已经知道你接下来要说什么。跟熊孩子过招，说空话是大忌，你必须言出必行，比如真的把他（她）关到小黑屋，让他（她）体会一下恐怖的滋味。至于那些要把他（她）的毛绒玩具给烧了这种话就别说了，除非你真的把玩具烧了，录成视频寄给我看，否则连我都不信。况且，

管教熊孩子，
不要靠太近

把熊孩子的玩具烧了这种事看起来挺残忍的，如果被人知道，很可能还会有社区志愿者上门引导——不是给你的熊孩子，而是给你。

如何应对熊孩子当众发脾气

熊孩子最气人的行为，就是在人潮拥挤的商场躺倒在地，大发脾气。他（她）发脾气的原因可以有很多：饿了，累了，烦了，或者就只是为了让你看起来像个傻子。随便一个芝麻大的事，比如吃橘子吃到籽，没等他（她）准备好就把他（她）塞到车座上，或者天空蓝得找不到一丝云，熊孩子都能发一通脾气。

一旦熊孩子开始当众发脾气，最好的办法就是尽快带他（她）离开。如果等到他（她）气得眼睛直往上翻了，那就证明大局已定，你无法挽回了，这时你就是再粗声大气吓唬他（她）也没用。以你对你家熊孩子的了解程度，一旦他（她）进入了油盐不浸的阶段，就赶紧带他（她）下楼，去车库，上车，踩上油门赶紧走。路上如果遇到熟人，也要直接无视，顾不上那么多了。

父母为什么害怕熊孩子当众发脾气？因为熊孩子发火的大招，不是鬼哭狼嚎或者翻滚踢蹬，而是招来大批围观群众，让你无地自容。熊孩子是熊，但他（她）不傻，他（她）深知只要让你当众出糗，就可以逼迫你尽快满足他（她）的要求，所以他（她）们乐此不疲，反正弄脏的衣服也不用自己洗。而当你夹着熊孩子离开现场去车库，把他（她）塞进车里带回家时，你就抽掉了他（她）们要挟你就范的力量之源：你的羞耻感。要撒

野就回家在客厅里撒吧，谁理他（她）啊，趁他（她）在沙发上哀号时，你赶紧上上网、回回邮件，让这小东西自己消了气，恢复成正常人类的样子好了。别浪费工夫在他（她）还对你拳打脚踢的时候唱什么"一闪一闪亮晶晶"哄他（她），让他（她）自己哭到嗓子嘶哑吧，就这么办！

别信那些三好父母装模作样居高临下的论调，让他们有多远就滚多远，熊孩子发起脾气来，就和地震一样，你如果没办法用语言停止天崩地裂发生，也同样没办法用语言让熊孩子停止哭号。有那工夫，我宁可去和龙卷风谈判，创造奇迹的可能性都要比去哄熊孩子来得高。

所以，熊孩子使性子的时候，你就找个地方避避风头，等风暴自己过去就好了，因为他（她）发脾气的目的只有一个：像拆电线胶皮一样剥断你的神经，让你无奈之下乖乖满足他（她）的要求。因此，你越让步，他（她）会越喜欢发脾气，所以要懂得无视他（她）。

学着让自己远离发飙的熊孩子，找个安静的地方眼不见心不烦。只有愚蠢的父母才会在孩子一发火时就低声下气地哄："哎，宝贝，乖啊，哎，乖啊，宝贝。"纯粹在自取其辱，熊孩子根本听不进去。

管教熊孩子，
不要靠太近

你以前觉得自己绝不会说、可
现在经常说的

154

1. 我不管你现在肚子有多饿，反正你不能趴下去舔人行道上的花生酱。

2. 我以前不是跟你说过，狗狗会咬人的吗？

3. 我知道你在偷偷拉屎，我看到你眼里水汪汪的了。

4. 我们不能把午餐肉放到烘干机里去。

5. 别把手伸进尿裤里挠完痒痒又去摸自己的脸，你会得眼病的。

6. 别用蜡笔捅鼻子，鼻子痒也不行。

7. 耳朵又不会饿，不用拿食物喂它们。

8. 我们不能往朋友身上尿尿，生气了也不能往人家身上尿。

9. 卫生间垃圾桶不要去翻，没有什么可玩的。

10. 你下次再这样，今年圣诞节我们就不过了。

13

如何才不会
万念俱灰

管教熊孩子，
不要靠太近

首先我得感谢你，能够坚持看到这一章，因为在上一章里，你一定满心欢喜地以为我会教给你"一招控制熊孩子独门秘诀"，结果什么都没有。事实上，无论是上一章、这一章，还是下面的任何一章，你都不会看到那种类似催眠术似的诀窍，我才不会宣扬根本不存在的事情，那是三好父母才爱做的事。

作为一个普通父母，我觉得适时地和熊孩子拉开距离，见招拆招甚至以毒攻毒地对付他（她）们身上的臭毛病，恐怕是我们唯一能看到效果的办法，而这一章，我们要学习的不是怎么具体去管教，而是如何在管教中调整自己的心态，让自己不会第一时间被气炸。

毕竟，一个连自己都处于失控中的父母，是根本无法管教任何人的。

日夜跟一个调皮捣蛋的孩子厮混，成天心烦气躁的，你不禁会开始怀疑：生孩子是不是这辈子犯的最大错误？

不是的，生孩子不是错误。

请不起保姆才是最大的错。

有时候，孩子烦得你想一边拿头使劲撞墙一边咆哮"你到底想要我怎么样？！"你觉得自己算是熬不出头了，而实际上，这种痛苦其实是有办法缓解的。别误会，我不是叫你去看心理自助书籍，或者在暗示你要多带孩子出门去玩。我说的方法没那么复杂，而且要管用得多。

常备夜间存粮包

经常喝点含酒精的饮料，吃点薯片和糖果，你就可以恢复元气，渡过艰难的带娃时光。我在第二章讲过熊孩子应急包，但在这里，我还想再确定一下你已经备足了这些救命的东西。

家有熊孩子，你除了要准备熊孩子应急包，还一定要常备自己的夜间存粮包。夜间存粮包是什么？就是一个百宝箱，里面装满彩虹糖、巧克力、立体脆和薯片之类的零食。如果你是科罗拉多人，那你的夜间存粮包还要装一两支小雪茄。没事，爱吃什么就往里装什么，没人会说三道四。不过，千万不要把这些东西放在厨房里，因为你家熊孩子跟松露猪一样鼻子灵得很，万一被他（她）嗅出味道，到时候你的存粮就得落到他（她）肚子里了。

用个购物袋装上你的存粮，藏在壁橱或床头柜里，只要熊孩子找不到就行。

别在带孩子上杂货店买东西的时候补充你的存粮，因为熊孩子会发现你买的都是好吃的，回头就会想方设法把你的救命粮给吃了。你要偷偷地买，然后趁你家捣蛋鬼在看《米奇妙妙屋》看得入神的时候，悄无声息地藏在卧室里。

管教熊孩子，
不要靠太近

享用你的夜间存粮

虽然等待的时间很是煎熬，不过等你家孩子睡着以后再吃你的存粮，口感绝对更好。相信我，你肯定最不想发生的事，就是熊孩子推门进来时，正好看见你嘴里塞着半块奶酪蛋糕。

喝点小酒

正常人一般下午五点以后喝酒，可孩子的妈不一样，反正你不用开车出门找酒吧，所以什么时候喝也很随意的。

只是记得喝酒要适度，不要喝醉了就行，否则发起酒疯来，你的醉态恐怕大家都不敢恭维，这样可真是损人不利己。

熊孩子之父母
专用汽酒配方

"你爸怎么还没回家？"汽酒

（通常在下午5:15至6:00之间享用）

打开一瓶上等葡萄酒，把酒倒入量杯、特百惠杯或任何一个干净的容器中。坐沙发上一口口慢慢喝，看你家孩子把你刚刚收拾起来的玩具又掏出来大卸八块。你老公回家每晚一分钟，你就多存一块钱供日后买葡萄酒之用。喝酒的时候最好再配上怒气冲冲的短信："你被什么绊住了干吗还不回家？""你在小区里遛弯儿吗还不回来？""这日子没法过了我！"等。

"你再哼哼唧唧我就开吼了！"汽酒

将7盎司苏打水倒入一个不干不净的塑料杯里，再添入足够的伏特加，酒精有利于镇压怒火。这种汽酒配上香浓芝士蘸酱手指饼干（反正就是既有奶酪又有饼干的零食）味道绝佳。饼干盒里再配一把用来切饼干的塑料红色矩形刀，不用管，在自己家里还讲究什

么，随意用舌头舔散就行。吃它八块，捏一块扔给你家熊孩子，瞧你，心里时刻想着娃，多好的妈。

"你为什么就不会自己拉屎撒尿呢？！"汽酒

用干净的婴儿奶瓶量出 2 盎司的百利爱尔兰奶油威士忌。奶瓶上有盎司刻度，方便你准确地倒出想要的酒量。把量好的甜酒倒入一个咖啡杯中，直接喝吧。如果没喝够，就继续。

其他汽酒零食绝配

麦芽酒·····················乐事薯片
白酒·····················热乎乎的炸土豆球或麦当劳鸡块

三好父母

"哎呦，孩子带不好就借酒浇愁，你这是病，得治。"

回复："你怎么还没滚？腿脚不好吗？你这是病，得治。"

（糖醋酱）

健力士黑啤酒……………涂黄油的白面包片或乳酪通心面

百威啤酒……………回想旧日生活

杜松子酒……………满腔怒火

百加得朗姆酒……………全脂牛奶

西拉葡萄酒……………金鱼饼干

科罗娜啤酒……………自制烤干酪辣味玉米片或者你家
　　　　　　　　　　　孩子吃剩的比萨饼皮

西班牙果酒……………商店自营品牌的干麦片和你苦涩
　　　　　　　　　　　的泪水

蓝带啤酒……………加热速食快餐

起泡酒……………盒装奶酪通心面

如果你是家庭煮妇型的，记得给全家煮饭的时候手里端杯酒，边煮边喝，这样心里会舒坦一些。晚上临睡前给孩子念什么《爱心树》之类的书时，你可能也要喝点酒才有办法耐着性子读下去。《爱心树》没读过？就是一本幼儿绘本，虽然很多人都说看得眼泪吧嗒吧嗒掉，但在我看来，那本书的主旨就是教孩子怎么变成自私自利的小混蛋，什么都管你要，最后还要拿你做凳子，而你还得为自己不能再给他什么而遗憾不已——什么父母的爱必须无私，这分明是不给父母留活路。

总而言之，不管你什么时间、地点，喝什么酒，重点就是：心里舒服就行。

上上社交网站

有了娃以后，你业余时间能和成人打交道的主要渠道就是社交媒体了。如果你是全职带娃，那么那些从你高中毕业以后就没见过面的同学好友们，就成了你能经常交流的唯一的成人圈子了。人们常说身为父母要力争"远离手机电脑"，要"时刻陪伴"孩子。十月怀胎的时候确实如此，为了防辐射要远离手机电脑，孩子就在肚子里当然时刻陪着了。可现在孩子出来了，你爱去哪儿去哪儿，谁也捆不住你的手脚，管别人怎么说呢。你和孩子都待在同一个房间里，只要时不时抬头看看他（她）还在不在，安全不安全，这不就行了吗？带娃不就这么带的吗？

刷社交平台可以让你有种归属感（虽然里面的人你未必喜欢），

可以随时看看最新的搞笑视频，偶尔还可以含糊其词地表达一下负面情绪，暗示别人该关心关心你了。找个家里还算整洁的角落给娃拍拍照吐吐槽，也能让你心里有些许的安慰——看，一切似乎还没那么糟。

别煮饭了

给孩子煮饭烦死个人，给熊孩子煮饭更是烦上加烦，没什么好委婉的。孩子一天里最闹心的时候（也是你一天里最劳累的时候）就会哭哭啼啼闹着要吃东西，你得全程抱着他煮饭，煮好了饭他还不肯吃，这简直是雪上加霜、火上浇油。这还导致你每天一觉醒来就忧心忡忡，不知道这一天该煮什么饭，威逼利诱孩子吃饭又得累断你几根神经，谁还有心思讲究什么精心搭配、小火慢炖？！炖出来又有什么用？还不是没人吃！干脆好好利用保鲜袋的原始功能：用来保鲜餐馆的外卖食品。当然，叫外卖确实比自己煮更贵一些，而且食材也会让人心里略有疑虑，但是至少可以每天有一顿餐给自己放个假。而且仔细想一想，不煮饭也节省了水电天然气等一系列费用，所以叫外卖也并不算浪费。什么，你说你不信？来，让咱们算算这笔账：

不用洗餐具（用一次性餐具）节省的水 ……………1000元/年
不用洗餐具节省的洗洁精……………………………600元/年
不用洗餐具节省的洗碗布……………………………200元/年

不用边喝酒边煮饭节省的酒 ·······················2000元/年
不煮饭就不会割伤或烧伤以节省的医疗费用 ···········5000元/年
每晚叫外卖比萨和/或中餐为当地餐饮业做贡献 ········若干万元
叫外卖给外卖小哥创造了就业机会 ·················若干百万元

你看，不叫外卖才亏大发了呢！

温馨提醒： 等你家熊孩子上床准备睡觉了，你再叫外卖也绝对没问题，就给他（她）点一份花生酱三明治配胡萝卜条，外加一杯牛奶，这样营养基本齐全了。

送孩子去外公外婆家

看你带娃带得狼狈不堪焦头烂额，谁最窃喜？是你的父母。为什么？因为当初他们带你也是这么过来的。而现在，轮到你痛不欲生了，他们不偷着乐才怪。你仔细观察，你家熊孩子大闹特闹的时候，你父母肯定在趁机揶揄呢："对，宝贝，对着你妈的脸用力踹，当年她也这么踹过我。"怪不得人们都说熊孩子和外公外婆关系处得最好，因为他们有一个共同的敌人，就是你。

熊孩子给父母留下的心理阴影，一辈子都挥之不去。你父母可能嘴上从不承认，可心里其实一直对你小时候的顽劣行为耿耿于怀，现在看你对付自己的捣蛋鬼力不从心节节败退时，心里舒爽得很呢。逛商场的时候，如果你家熊孩子突然哭闹不止，一个劲儿地想从购物车上翻下来，你就在心里好好想象一下将来等你成了外婆时会怎么做。你就想象，某个周日早上，你带上外孙（外孙女）去玩具反斗城，给他（她）买上一堆咿咿呀呀的电子玩具，让他（她）喝一肚子的汽水，然后带他（她）回家见他（她）妈，看他（她）妈对着他（她）吼："你怎么就这么不听话呢，啊？！"那时候你是不是觉得大仇得报，痛快得很？

　　熊孩子对外公外婆的爱简直炙热如火，如日中天，因为外公外婆给买礼物，叫抱就抱，从不训人，而且允许他（她）吃糖。他（她）最喜欢让你在你父母面前出丑了，所以你就别浪费口舌跟他（她）外公外婆抱怨这熊孩子怎么不听话不懂事了。

　　"什么？杰杰不肯吃饭？他（她）跟我吃都很乖啊。他（她）刚刚还吃了一盘加了羊乳酪和橄榄的沙拉，现在还说要吃菠菜饼呢！"

　　外公外婆眼里的外孙（外孙女）温顺乖巧，虽然那是收敛了臭脾气以后的假相。因为熊孩子都是窝里横，回家对着朝夕相处的人才会露出狰狞的真面目。

　　虽然你从父母那里得不到感情上的慰藉，但你可以把熊孩子丢给他们，换得一时半会儿的自由，所以好好利用这一点吧。这种丢了包袱溜之大吉的做法，可能让你觉得有点于心不安，不过你放心，你家孩子跟外公外婆在一起时，可不像跟你在一起那样胡搅蛮缠，他（她）可识趣得很，还指望着在外公外婆那里吃好的、喝好的呢。

　　你不用提前跟你父母打招呼，说要把外孙（外孙女）丢给他们，就带着孩子直接上门来个突然袭击，说是"来看望看望你们"。等孩子和你父母热络起来，玩闹或者说话正欢呢，你就说去上个洗手间，然后从后

门溜了，在车库外面留个口袋，里头装上足够三天用的干净纸尿裤、湿巾和衣服，外加100块钱（贴心一点嘛），然后跟抢了银行一样赶紧开车走人，把手机调成静音。等你回来接熊孩子的时候，他们如果一脸不高兴，你就嘟哝一句："哦，我以为你们知道呢！"或者拼了命咳嗽，一直到他们从愠怒转为开始关心你是不是病了为止。这偷来的几日闲，就是心理学家所谓的"独处时间"。

保持积极向上的生活态度

很多父母都觉得，"熊孩子"和"保持积极向上的状态"是不可能兼得的，纵然我们超级爱熊孩子，但一旦有了他（她），我们肯定会不止一次觉得日子过得生无可恋。这种心情非常正常，也正因此，在熊孩子真正懂事之前，尽量保持乐观的生活态度显得更为重要，日子不会总这样的，但在一切转好之前，你总得坚持下去吧。

所以，等你家熊孩子终于睡着了后，你可以对着镜子跟自己说一说下面这些自我肯定的句子：

1. 等这孩子长大了，我会报仇雪恨的。

2. 总有一天这孩子得给我换纸尿裤。

3. 马上就上幼儿园了。

4. 还有酒可以喝呢。

5. 我可以爱吃多少麦片就吃多少。

6. 不行还可以送寄宿学校。

7. 有些人还生了三胞胎呢。

8. 没准我也有可能是三胞胎。

9. 至少我没生三胞胎。

10. 嗯，三胞胎。

14

如何坦然地送熊孩子上幼儿园

管教熊孩子，
不要靠太近

无论是把熊孩子扔给我们的爸妈，还是在每天夜里坚持自我鼓励，其目的都是为了在快支撑不下去的时候，给自己点能量。

之前我们一直在用各种方法告诉大家：管教熊孩子，不要靠太近。而在这一章，我们不妨把距离拉得更远一点，把熊孩子送到更适合他（她）们的地方——比如幼儿园。

许多父母觉得，送孩子上幼儿园会被别人说偷懒或狠心。别人的看法你根本就不用在意，他们又没给你发工资，有什么资格说你？如果你觉得需要或者想要让别人来帮忙带孩子，自己去挣钱，或者就是想歇口气过过正常人的日子，该送就送，那是你的权利。

选择幼儿园须知

★ 价格方面，跟在餐馆点葡萄酒的道理一样，不用选最贵的，但也不能选最便宜的，找适合自己承受能力的就行。

★ 找一家装修风格颜色亮丽、配备了手工桌的幼儿园。从这两点可以看出这家幼儿园气氛是否活跃，并且是不是能锻炼孩子的动手能力。

★ 一定要找一家供应午餐的，不用你自带午餐便当。

★ 幼儿园可以有一股孩子的臭味，但不能有一股下水道的臭味。如果臭得像下水道，证明他们的卫生状况实在堪忧，就别选这家。

★ 问一下他们是不是经常需要家长参与各种活动。如果是，别选这家，你可没时间整天搞这个。

★ 问一下他们有没有募捐筹资的活动，如果有，立马起身走人。你们收费都这么贵了，怎么还需要募捐筹资？

谨防事项：

★ 如果幼儿园让孩子下午睡上4个小时，别选这家。我们花钱可不是让他们看睡觉的娃的，我们花钱是让他们替我们受罪的。如果下午养足了精神，晚上回家你可就惨了。

★ 如果幼儿园的员工老是跟你传授各种管教孩子的建议，别选这家。接孩子的时候还要忍受别人的说教，不能忍。

★ 如果你严重怀疑幼儿园的员工不喜欢孩子，别选这家。如果他们看

三好父母

"幼儿园就是把宝宝软禁起来的监狱，我永远也不会自己撒手不管，却让别人来养育我的孩子。"

回复："睡美人还是森林里的精灵养大的呢，人家如今在沃尔玛商城可有自己的专柜，多有出息。"

173

你家孩子的眼神和你半夜被吵醒时候的眼神一模一样，掉头就走。

幼儿园入门须知

幼儿园学前亲子班有很多好处，比如可以和小朋友一起玩，可以培养早期学习概念，每天你还可以有好几个小时不用带孩子。不过，有些事情你要有心理准备。

手工：孩子上了幼儿园，每天会带回家好多手工作品。这些作品普普通通，乏善可陈，可带回家就存着不丢，非常占空间。说是手工作品，其实主要用处就是拿来拍蜘蛛的。除了留些拍蜘蛛用，余下的你可以直接丢了，不过丢的时候别让你家孩子看见了。熊孩子眼里可什么都是宝，尤其是他（她）涂涂画画过的纸张，那更宝贝。你可能会想："我应该要保留多少张孩子的手工作品合适呢？"如果让熊孩子做主，答案肯定是"全部啊"。网上有成千上万个张贴栏，讨论如何根据材料对孩子的手工作品进行分类存储，需要用上文件夹啦、车库里的大桶啦之类的。不过保存这些手工作品，有什么用？你以为有朝一日这些破玩意儿会值钱吗？或者你家孩子离家上大学的时候还会带走吗？当然，我不是让你把这些有着成长印记的东西都丢掉，存个一两份证明他有过童年就行了，再用框装裱一份给外婆当作节日礼物（反正几乎分文不花），其余的通通丢进回收垃圾桶里。带孩子的手工作品出家门的时候一定要小心行事，就跟偷偷带药丸进夜总会一样要神不知鬼不觉。办法自己想吧，比如塞在内衣里、靴子里，反正发动你的脑筋就是。

带点心：幼儿园会偶尔布置小朋友带吃的去会餐，注意别准备会让小朋友过敏的食物。虽然偷点懒不碍事，可如果让别的小朋友吃了遭殃，那可有点说不过去了。如果你不会做不含花生的杯糕，那就花个 20 块钱去买一个回来。再买个现成的果盘，虽然你做不出里面裹着巧克力豆的五色彩虹饼干，也不要让那些爱出风头好表现的家长给比下去。

家里家外两副面孔：熊孩子往往在幼儿园一副样子，在家里又是另一副样子。在幼儿园的表现往往更好。在家时，因为他（她）知道自己再怎么无法无天你也不会拿他（她）怎么样，可幼儿园老师就说不准了。熊孩子聪明得很，他（她）知道如果在幼儿园跟在家一样胡作非为，老师可是会发火的。如果幼儿园老师跟你说"乐乐真是个乖孩子！"而你心里明白其实他（她）坏得透顶，别跟她争，也别跟她说乐乐其实不乖，否则人家还觉得你不可理喻。没错，早上乐乐还骑着你的脑袋在你脸上撒了泡尿把你给淋醒了，还有你正摸摸索索在提包里找手机呢，结果掏出了一坨乐乐不知道什么时候塞进去的鼻屎，虽然这些都是事实，可是跟老师说也没用，就烂在肚子里吧。

温馨提醒：送孩子上幼儿园有一点很讨厌，就是你会接触到比你更光鲜亮丽的家长。接送孩子的时候你会发现有些家长不但开着豪车，长得好看，还身材曼妙，穿衣又有品，并且左右逢源，跟老师交好，对每个孩子和善，甚至连门卫都对她赞不绝口。

听我一句，离这种家长远点，倒不是出于自惭形秽，而是越是

管教熊孩子，
不要靠太近

看起来完美无缺的人，实际上越会有着意想不到的缺陷，如果不想某天惊喜变惊吓，那就对这样的满分家长敬而远之吧，何必自己找不痛快。

你要结交的，是这样的家长：不修边幅，弯腰含胸，见到太阳就拿手遮着额头眯缝起眼睛，满脸写着不知所措，一双鞋左右不分，等等。这些人才是你的组织，因为平凡，才会有共鸣，懂得彼此的辛苦，而不是高高在上地炫耀他比你高明、比你棒。

幼儿园的学费怎么凑

幼儿园的学费真是天价。

如果能拿一条胳膊或一条腿抵学费就好了，那样身上的零部件卸得差不多之前，还能勉强供两个孩子上完幼儿园。多数家庭都认为幼儿园学费是笔不小的负担，可咬着牙还是得供，只能在信用卡透支时候忍住不哭。或者，你可以开动一下脑筋，找一些别的赚钱之道。

挣外快的十种方法：

1.搬砖。

2.卖掉金牙里的金子。

3.在网上出卖色相。

4.从邻居家车库搜刮点废铜拿去卖。

5. 卖血浆。

6. 在厨房里开个理发店。如果你不会理发，那就先收钱再理发，宰一个是一个。

7. 不付学费，直接到幼儿园把你家孩子往那一撂，转头就走。这无赖招数只能耍个两三天。

8. 当奶妈卖乳汁换钱。

9. 每天晚上改喝稀粥，省钱。

10. 打探出幼儿园园长的丑事，然后敲诈他给你家孩子免学费。

好吧，脑子里想象一下也就罢了，还是把这月买衣服的钱省了吧，反正家有熊孩子，再好的衣服在和他（她）们待上两个小时后，也会变成抹布。

管教熊孩子，
不要靠太近

亲爱的驯娃达人：

我家孩子发烧了，她还可以去上幼儿园吗？

佛蒙特州宝妈

亲爱的佛蒙特州宝妈：

要看情况。如果你这一天不去上班肯定会被解雇，那她就可以去上幼儿园。但记得给她吃点泰诺退烧。如果幼儿园老师给你打电话，问你怎么孩子生病还送来了，你就假装不知道她发烧了。幼儿园的孩子三天两头生病，因为他（她）们的免疫系统还在发育，很容易交叉传染。如果每次你家孩子跟新从烤箱拿出来的肉桂面包一样发了点烧，你就让他（她）在家待着，那么他（她）错过的幼儿园生活会多过参与的。但是，如果你家宝贝吐得一塌糊涂，蔫了吧唧，脸色发青，那就别去幼儿园了，毕竟命比什么都重要。

亲爱的驯娃达人：

我孩子幼儿园班上有个小朋友喜欢咬人，我该怎么办？

北达科他州宝爸

亲爱的北达科他州宝爸：

教你孩子咬回去。教孩子说："我不会挑起战争，但我会结束战争。"如果你家孩子爱主动咬人，把他（她）牙齿给挫平了。

亲爱的驯娃达人：

为什么幼儿园的学费这么贵啊？

怀俄明州宝妈

亲爱的怀俄明州宝妈：

你就想想，你自己愿意当幼儿园老师吗？明白了吧？让你摆平 20 个孩子要他（她）们同时睡午觉，够呛吧？还有，给别人家的孩子擦屁股也挺恶心的。

亲爱的驯娃达人：

我把孩子送幼儿园去了，我应该感到过意不去吗？别人会不会觉得我狠心？

田纳西州宝妈

亲爱的田纳西州宝妈：

不用。你的生活你做主，孩子只是去幼儿园，又不是进集中营。至于别人，大家都是各扫门前雪，不用在意别人眼里的你是什么样，过好你自己的日子就是了。

人生里程碑

管教熊孩子，
不要管太近

看了之前十几章里养育熊孩子的过程，以及熊孩子会给你生活带来的巨变，你是不是已经又笑又哭了好几回？所有这些，都是无数熊孩子父母的心血体会，而身为熊孩子的父母，在那漫长的养娃过程中，总会有几个人生里程碑，堪称是我们的必经之路。每次你经历了一个里程碑，你就知道自己又赢得了一块"世界熊孩子父母童子军"勋章。

"纸尿裤爆满便便侧漏，不得不从头到脚整套衣裤连鞋带袜子一起扔了，可能连车座也得一起换了"勋章。真不是大惊小怪，谁也想不明白熊孩子就那么一丁点儿大的肚肠，怎么能爆出这么有杀伤力的海量便便。是他（她）前一天晚上吃的那八个苹果吗？是雪莉阿姨做的土豆沙拉吗？还是这孩子被什么附身了？答案无从晓得。你只知道这一堆脏兮兮的衣服裤子袜子可不能用洗衣机洗，而且以后估计再也不想吃任何带黄咖喱的食物了。

"另外一只鞋上哪儿去了"勋章。你推着孩子的推车沿着一条熙熙攘攘的街道走着，低头一看，发现他（她）200块钱买的学步鞋丢了一只。什么？怎么会这样？我从孩子碗里夹走一根小香肠他（她）都会发现的啊，怎么鞋子丢了一只他（她）居然没发现？你瞄了一眼你家熊孩子的眼睛，突然之间，从他（她）坚定果敢的目光里你恍然大悟：他（她）知道鞋丢了，他（她）明明知道，可什么都没说！你只好回头沿着来时的路又走了一遍，绝望地想找回弄丢的那只鞋（放心，你永远都找不回来了），空忙一场的你，这一天吸取了一个重要的教训：熊孩子都不能相信。过去、现在和将来都是这样。

"浴盆里漂起一坨屎"勋章。有可能你把手机带到洗手间玩得忘了形，又或者你忙累了一天有点走神了。不管怎样，你没注意到孩子的脸上一阵慌乱，接着在洗澡水的泡沫掩护下拉出了一坨便便。你还记得自己是怎么发现大事不妙的吗？是水里冉冉荡漾起来的那一团棕色的云雾？是孩子发现那坨屎在水里袅袅地向他（她）漂去时发出的尖叫？不管是哪一种，你都会大叫一声，脑袋开始急速运转："不会吧！洗澡是为了让他（她）变干净的啊！为什么现在是这样？！"在这千钧一发的时刻，你知道要怎么做了，你用之前几十年都没有过的非凡勇气，决心把这一坨屎从洗澡水里捞出来，最终，不管你用了什么工具，乐高玩具也好，渔网也好，你的手也好，关键是你捞出来了，你屏着呼吸忍着恶心捞出来了！从此以后，天塌下来你都不怕了！

"这是我这辈子最惨的一个晚上，我觉得很受伤"勋章。这个晚上到底什么样，很难描述，可出现的时候，你心里就知道了。刚开始吧，跟平时没什么两样，就是你家孩子每 25 分钟就醒，你三番五次地起床，最后决定干脆不睡了。第二天呢，你就昏昏沉沉、糊里糊涂的，觉得又委屈又难过，又生气又害怕，可这些情绪你也只能忍着。你可能会在孩子的房间里烧些鼠尾草来驱邪除魔。不过你放心：这样的晚上仅此一次，不会再有的。

"我家孩子刚刚扇了我一巴掌"勋章。这种情况每个人都碰到过。运气好的话，你是在家里被扇，没外人看到。运气不好，你就是在家庭聚会上被扇，周围都是些看热闹的亲戚。不管有没有外人看到，你家熊孩子一生气扬起手在你脸上抽了个耳光，你顿时觉得

管教熊孩子，
不要管太近

脸上火辣辣地痛，心里冷津津地寒。你吓了一跳，一下呆住了，不知道该怎么办。第一本能就是想扇回去，可转念一想，这个人，这个扇你的人，只是个孩子，而且还是你自己的孩子。等你缓过神来，你开始琢磨怎么反应才合适。好，得好好教育教育他（她）！可你只有半个脑袋在想怎么教育他（她），另外半个脑袋还在纳闷儿，想不通这个你亲生的可爱的孩子，你含辛茹苦地带到这么大的孩子，怎么能用这么冷酷无情的行为对待你呢。

"我刚刚用手接了孩子吐的东西免得脏了地板"勋章。这块勋章得来全靠本能反应。思维正常的、神志清醒的人永远也不会用手去接呕吐的脏物，可你刚刚就接了。就在那一瞬间，你想都没想就把双手一捧，十指一并，接住了孩子吐出来的消化了一半的食物、胆汁，可能还有些肠胃病毒，就为了不要打扫地板。这就是为人父母的本能直觉，你达标了。

"我已经完全不顾自己的形象，公然穿着睡衣上街"勋章。我这里说的睡衣，不是我们为了掩盖"自己白天干活晚上睡觉都穿一样的衣服"而选择的那种黑色瑜伽裤，我说的是宝爸宝妈们穿着条纹睡衣就敢雄赳赳地出门了。思想发生巨变的这一天，大家都记得很清楚，总之从这一天开始，你就什么都不在乎了。你的头发看起来好像刚从下水道爬出来一样乱蓬蓬、臭熏熏的，你的脸上长满了雀斑、日晒斑，你的睡衣皱巴巴、脏兮兮的，可你太累了，被孩子折腾得奄奄一息。你拿起钥匙，向生活缴械投降，勇敢地以让人咋舌的姿态迈出了家门。我们向你致敬，你是真正的勇士！

"这是一坨屎还是一块巧克力？尝尝再说"勋章。朋友啊，你这

184

是在和老天赌博啊。你赢了的话，墙上挂着的或者你孩子脸上粘着的那一块东西确实就是巧克力。你输了的话，那可真是让人肃然起敬啊。你可以用鼻子闻闻看，不必用嘴尝，可我理解你，当时你已经大脑故障身不由己了。不管怎样，你的冒险精神无人能及。

16

结束语

现在的父母委实辛苦。

虽然带孩子的各种装备比以前多了，可跟祖辈父辈们比起来，操的心也会更多。如今的我们，要把午饭做成《冰雪奇缘》里面的人物造型，要把孩子打扮得新潮入时，周末要跟着网上手工教程，用熔化的蜡笔做出渐变色效果的气球动物，还得把家里收拾得跟生活时尚杂志里面一样美不胜收，生活压力可谓巨大无比。

可真要逼着自己把日子过成这样，也是傻。

你知道什么事情最辛苦吗？比带孩子还要辛苦的，就是总要假装自己不辛苦。

又没有人给你打分，何必和自己过不去？带孩子很辛苦，带熊孩子更是苦上加苦，既然大家都觉得自己生活在水深火热之中，何不干脆坦诚相见？为人父母，需要的就是志同道合相互理解的朋友，可以打电话叫到家里一起喝一杯，一起吐吐生活的苦水，孩子呢，就放地上让他（她）们自己玩。你任

劳任怨地给孩子洗衣做饭，累了乏了大可以理直气壮地说"唉，熊孩子都臭蛋得很"。你也可以直言不讳地说"有时候觉得孩子很讨厌""煮晚饭烦死了"。什么完美主义、感恩生活，通通都是瞎话。心烦的时候就直说心烦，没事的。是，这世上还有人过得比我们悲惨得多，可就算比下有余，我们就没资格发泄释放一下压力吗？当然有。

而承认现实的目的，绝不仅仅是为了一时之快，更是让我们得以管教熊孩子的秘诀所在。你得承认熊孩子的熊，才能不去白费力气地试图改变他（她）们；你得承认自己那些劳累和无措，才会不强求自己事事做到完美；你得承认你在熊孩子心目中的位置和作用，才会知道怎么对付他（她）们的那些难缠时刻；你得与熊孩子保持距离，不要靠得太近，才能冷静下来，放松下来，真正以父母的身份去给予他们适合的管教。

这不是一本有着宏大理论的书，我们说的事情都不深奥，也不难懂，但却都是你和熊孩子生活中必然经历的。我们愿意和你一起吐槽养育熊孩子的不易，然后帮你想出最可行、最实际的办法，而不是衣着光鲜地唱高调。我们并不认为你必须完美无瑕，必须爱熊孩子爱到和他（她）们融为一体，把他（她）们的一切奉为宇宙第一重要，尽管我们知道，你是真地爱他（她）到愿意为他（她）奉献生命。

我们更愿意你能好好松口气，从拉开和熊孩子距离的过程中，重新看到自己，并确认你与熊孩子都能舒适的相处之道。

这世上没有一种育儿理论是百分百正确的，只有适合你自己的，才是最好的。

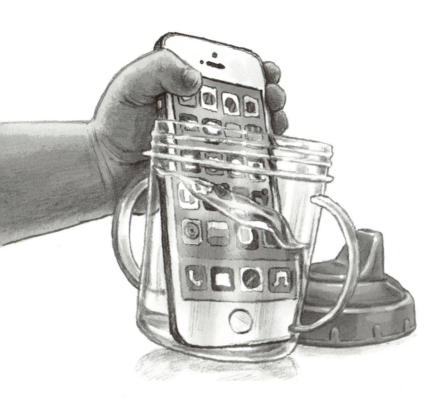